12 €

Jahrbuch 2008

Jahrbuch der
Juristischen Gesellschaft Bremen
2008

EDITION TEMMEN

Die Deutsche Bibliothek verzeichnet diese Publikation in der Deutschen Nationalbibliografie; detaillierte bibliografische Daten sind im Internet unter http://dnb.ddb.de abrufbar.

Band 9, 2008

Redaktion:
Karl-Peter Neumann
Peter-A. Reischauer

Titelabbildung: Edition Temmen / Bernd Lasdin

© EDITION TEMMEN 2008
Hohenlohestr. 21 – 28209 Bremen
Tel. +49-421-34843-0
Fax +49-421-348094
info@edition-temmen.de
www.edition-temmen.de

Alle Rechte vorbehalten

ISBN 978-3-86108-098-5

Inhalt

Vorwort 6

Felix Herzog
   Ende der Moral – Stunde der Staatsanwaltschaft? 7

Jutta Limbach
   Soziale Gerechtigkeit und das Recht auf Bildung in der Bremer Verfassung 19

Thomas Dieterich
   Tarifautonomie: Altes Modell – neue Realität 24

Klaus-Heiner Lehne
   Europäisches Vertragsrecht nimmt wichtige Hürde 36

Gerald Spindler
   Erosion des Persönlichkeitsrechts durch das Internet 41

Anhang 56

Vorwort

Der vorliegende Band 9 des Jahrbuches der Juristischen Gesellschaft Bremen e.V. enthält fünf von sechs Vorträgen aus dem Veranstaltungsjahr 2007/2008. Auch dieses Jahr zeichnete sich durch ein lebendiges und wissenschaftlich breit gefächertes Vortragsprogramm aus. Die hohe Aktualität der ganz überwiegenden Anzahl der Themen hat wiederum eine erfreulich große Zahl von Zuhörern angesprochen.

Ich danke allen Referenten des Jahres 2007/2008, die uns ihre Manuskripte – zum Teil in überarbeiteter Form – für die vorliegende Publikation zur Verfügung gestellt haben.

Mein ganz besonderer Dank gilt sodann der Sparkasse Bremen, die auch das Erscheinen dieses Jahrbuches mit einem namhaften Druckkostenzuschuss ermöglicht hat.

Bremen, im Oktober 2008

Karl-Peter Neumann
1. Vorsitzender

Felix Herzog, Universität Bremen

Ende der Moral – Stunde der Staatsanwaltschaft?[1]

Zu meinem Vortrag bin ich durch einen bissigen Kommentar des Frankfurter Strafverteidigers und Mitherausgebers der NJW Rainer Hamm inspiriert worden. Offenbar als Ventil für eine Reihe von frustrierenden Erlebnissen als Strafverteidiger in Verfahren der sogenannten White-collar-Kriminalität (Rainer Hamm war u.a. in dem Mannesmann/Vodafone-Verfahren tätig gewesen)[2] findet man unter dem Titel »*Deutschland – ein Fall für den Staatsanwalt?*« folgende furiose Situationsbeschreibung:
»Was ist die höchste moralische Instanz in unserem Rechtsstaat? Der Bundespräsident? Das *BVerfG*? Wie soll man das messen? Im Werte- und Koordinatensystem der Mediengesellschaft drängt sich dabei zuerst die Frage auf, wie häufig die jeweilige Institution oder Person für »zuständig« gehalten wird, wenn jemand einen Missstand oder eine böse Tat ausgemacht zu haben glaubt. Legt man diese Messlatte an, kommt eine überraschende Antwort heraus: Die höchste Autorität, wenn es um Recht und Moral geht, sind nicht die genannten obersten Institutionen des Staats, sondern sein beamteter Anwalt. (So) gilt die Nachrede gegen jemanden und gegen sein Verhalten, er oder es sei »ein Fall für den Staatsanwalt«, als so übel, dass sich kaum jemand der Suggestionskraft des damit assoziierten Unwerturteils entziehen kann. Über einen Mitmenschen zu sagen oder zu schreiben, die für ihn örtlich zuständige Staatsanwaltschaft müsse sich einmal um ihn »kümmern«, ist sogar noch schlimmer als der Hinweis auf eine bereits vorhandene rechtskräftige Vorstrafe, weil diese den Anspruch auf Toleranz und die Vermutung der Resozialisierbarkeit auslöst, während jene mit der ganzen Kraft des Fantasie beflügelnden Stigmas wirkt. Strafverfolgung steht hoch im Kurs, und Staatsanwälte sind derzeit die eigentlichen Helden der Gesellschaft.«[3]

Diese Situationsbeschreibung möchte ich mir für meine Überlegungen in gewissem Umfang zu eigen machen. Viele werden meine Beobachtung teilen, dass heutzutage allerlei Erscheinungen sozialer Unordnung und des moralischen Verfalls fast reflexartig zum Ruf nach Strafverfolgung führen. Erweist sich dies als strafgesetzlich unmöglich, weil die Grenzen der Bestimmtheit überschritten werden müssten, wird zuweilen der Ruf nach gesetzgeberischen Aktivitäten laut und nicht selten kommt der Gesetzgeber »kriminalpolitischen Bedürfnissen« eilfertig nach. Aus der letzten Zeit sind etwa zu nennen:

---

1 Da sich der Text auf eine Reihe von Geschehnissen des kriminalpolitischen Zeitgeschehens bezieht und diese kommentiert, erschien es mir angemessen, den diskursiven Vortragsstil weitgehend beizubehalten. Insofern werde ich folgend Fußnoten eher sparsam verwenden.
2 Vgl. hierzu etwa seinen Aufsatz »Kann der Verstoß gegen Treu und Glauben strafbar sein?«, NJW 2005, 1993 ff.
3 *Hamm*, NJW 2004, 1301.

- das Problem, dass sich die Akteure des globalisierten Kapitalismus trotz aller Bemühungen, interne ethische Ansprüche etwa durch Corporate Governance zu installieren, zuweilen als »unmoralisch« in ihrer an Geschäftsstrategien und ihrem Gewinnstreben orientierten Verhaltenskultur erweisen;[4]
- das Problem, dass Politiker durch ihren Umgang mit Spenden und individuelle Modelle der Parteienfinanzierung populäre Vorteile über die Politik als »schmutziges Geschäft« nähren;
- das Problem, dass ganze Sektoren des Leistungssportes durch ihre Kommerzialisierung auf eine abschüssige Bahn des Dopings geraten sind;
- das Problem, dass sich das Internet zu einem Eldorado dafür entwickelt hat, im Schutze der scheinbaren Anonymität des Cyberspace denjenigen Obsessionen nachzugehen und diejenigen Handlungen vorzunehmen, die man in der wirklichen Welt nie wagen würde.

Wir wollen mit dem letzten Bereich beginnen:

Man muss nicht Kulturpessimist sein, um beim Streifen durch die Welt des Internets zu dem Befund zu gelangen, dass unsere Gesellschaft durch eine zunehmende Erosion von Verbindlichkeiten und Selbstverständlichkeiten, von Erwartungssicherheiten und übergreifend gültigen moralischen Orientierungen gekennzeichnet ist. Moralphilosophen bezeichnen diesen Zustand als Fragmentierung der Moral: Den Handelnden fehle es heute an einem für alle gleichermaßen verbindlichen und sicheren Bezugspunkt für moralisches Handeln – wie in früheren Gesellschaften etwa in »Gottes heiligen Geboten«. Die moderne Gesellschaft »wirft das Individuum auf sich selbst zurück« und konfrontiere es mit einem »kolonialwarenähnlichen Angebot« von Wertsystemen. Man könne nur noch auf gelungene »Selbstschaffungen« (Foucault) moralischer Orientierungshorizonte hoffen.[5]

Die Flut von Talkshows im Fernsehen und das ständige Plappern der chatrooms im Internet liefert reichlich Anschauungsmaterial für misslungene derartige Selbstschaffungen: Internet-Surfer auf den Wellen von Trash, Sex und Gewalt stellen selbstbewusst auf das Virtuelle ab, dass es ihnen ermögliche, Obsessionen, die doch jeder habe, auszuleben, ohne irgendjemanden »wirklich« zu schädigen. Auch scheint das Medium durch seine Anonymität und die reale Vereinzelung der Kommunizierenden (im Irrglauben, mit ganz vielen Menschen kommunikativ verbunden zu sein) auf erschreckende Weise interpersonalen Respekt und ein Gefühl für demütigendes Verhalten aufzulösen. In der Welt des Internets ist vielen Nutzern offenbar ein innerer moralischer Kompass abhanden gekommen und soziale Kontrolle weitgehend abwesend. Sollen diese Defizite gesellschaftlicher normativer Verständigung, diese Erscheinungen gesellschaftlicher Desintegration nun in das Visier des Strafrechts bzw. der Strafverfolgung genommen werden?

---

[4] Während ich im Dezember 2007 die Fußnoten zu diesem Vortrag aus dem Oktober einfüge, hat sich am Himmel der rechtspolitischen Diskussion kometenartig als Teil der sogenannten »Gerechtigkeitsdebatte« das Thema gezeigt, ob gesetzlich gegen »unanständig hohe« Managergehälter eingeschritten werden sollte.

[5] Vgl. dazu mit weiteren Nachweisen *Horster*, Recht und Moral – Analogie, Komplementaritäten und Differenzen, in: Zeitschrift für philosophische Forschung, 51. Jg. (1997), S. 367 ff.

Was die Verbreitung von kinderpornographischen Schriften und rechtsextremistischem Gedankengut durch das Internet anbelangt, haben die Strafverfolgungsbehörden in den letzten Jahren erhebliche Aktivitäten entfaltet. Wenn hier auch zuweilen an der Wahl der Ermittlungsmittel unter dem Gesichtspunkt der Verhältnismäßigkeit Zweifel angemeldet werden können, so geht es hier im Kern doch um gravierende Taten, die das gesellschaftliche Klima vergiften und dem jeden Menschen geschuldeten Respekt in Frage stellen. Es sollte jedoch auch nicht so einfach an dem pointierten Hinweis von *Thomas Fischer* im StGB-Praktikerkommentar vorbeigegangen werden, dass »zum Vergleich darauf hingewiesen [sei], dass etwa das erfolgreiche Sich-Verschaffen detaillierter Baupläne für Massenvernichtungswaffen im Gegensatz zum Herunterladen von Kinderpornographie in der Regel straflos ist«[6].

In den Politikwissenschaften ist im Zusammenhang mit politisch korrekten strafrechtlichen Verfolgungskampagnen von moralischen Kreuzzügen die Rede.[7] Aber kann man mit dem Strafrecht moralische Siege erringen? Jeder, der sich mit dem Strafrecht und seiner Geschichte wissenschaftlich beschäftigt, und jeder, der in der Praxis des Strafrechts arbeitet, weiß: Man kann vieles über das Strafrecht sagen, aber eines kann man nicht sagen – man kann nicht sagen, dass das Strafrecht je ein gesellschaftliches Problem gelöst hätte. Damit ist nicht gesagt, dass das Strafrecht keine gesellschaftlichen Funktionen haben kann – es kann aber nicht durch äußeren Zwang, Verfolgungskampagnen und sein primäres Mittel der individuellen Zurechnung und Bestrafung soziale Ordnung stiften, wo die gesellschaftliche Verständigung über Normen der Moral und des friedvollen Zusammenlebens nicht mehr funktioniert. Zudem muss auch hinsichtlich von verabscheuungswürdigen Erscheinungen im Internet der Grundsatz Beachtung finden, dass das Strafrecht die Ultima Ratio der Gesellschaftspolitik darstellt und nur dort zum Einsatz gelangen sollte, wo es das geeignete, erforderliche und angemessene Mittel des Rechtsgüterschutzes darstellt.

Vor dem Hintergrund dieser Überlegungen möchte ich auf ein Phänomen zu sprechen kommen, das manche als ein Warnzeichen für das Ende von Moral ansehen, das gleichwohl aber nicht panikartig die Strafverfolgung auf den Plan rufen sollte.

In der virtuellen Welt »Second Life«, die gegenwärtig in den Medien Furore macht, sind sogenannte Atavare unterwegs. Dies sind von den Spielern geschaffene animierte virtuelle Charaktere mit Pseudonymen, die in der Regel keinen Rückschluss auf die wahre Identität der Person dahinter zulassen bzw. diese gezielt verschleiern. Wie aus einem Kurzbeitrag im Maiheft 2007 der ZRP zu erfahren war[8], tummeln sich dort beispielsweise männliche Gymnasiasten der 10. Klasse namens Anton unter der Identität Alice und können feststellen, dass das, was im realen Leben nicht erlaubt ist, hier befriedigt werden kann. Folglich können sich etwa auch pädophil auftretende Atavare an kindlich auftretende Atavare heranmachen und sie zum Sex auffordern.

---

6 *Tröndle/Fischer*, StGB, 53. Aufl., München 2006, § 184b, Rn. 21.
7 Grundlegender Aufsatz hierzu *Scheerer*, Atypische Moralunternehmer, in: Kritische Kriminologie heute, Beiheft des Kriminologischen Journal 1996, S. 133 ff.
8 *nos*, Rechtsprobleme in der digitalen Welt, ZRP 2007, 176.

Ob diese Rollenverteilung real zutrifft, weiß keine der beteiligten Personen – so kann es sich etwa um einen real 14-jährigen »Pädophilen« handeln, der ein real 43-jähriges »Kind« »missbraucht«. Ob sich dieses Geschehen unter den Tatbestand des § 176 StGB subsumieren lässt, erscheint fraglich.[9] Ob sich unter verhältnismäßigem Aufwand der Ermittlungen feststellen lässt, wer sich wirklich hinter »Alice« oder dem »Bösen Wolf« verbirgt, ist zu bezweifeln. Es ist aus meiner Sicht eine moralisch gut zu verstehende Reaktion, wenn ein Oberstaatsanwalt, von Journalisten mit diesen Phänomenen konfrontiert, erklärt, die Ermittlungen seien aufgenommen worden – und weiter:

»Mir fehlen einfach die Worte und in dieser Deutlichkeit: Dabei spielt es keine Rolle, ob es ein fiktives Geschehen ist oder ein reales Geschehen.«[10]

Es fragt sich aber, wie derartige Ermittlungen wohl ausgehen, nachdem hier das scharfe Schwert des Strafrechts geschwungen wurde. Wer kennt sie nicht, jene Ermittlungen, die spektakulär beginnen, sich in der Komplexität der Ermittlungen, den Schwierigkeiten der rechtlichen Einordnung und der guten Verteidigung der Beschuldigten verheddern und schließlich mit irgendeinem ausgehandelten Strafbefehl oder gar mit einer Einstellung enden.

Auf dieses Phänomen wird zurückzukommen sein – doch jetzt zunächst ein ganz anderes Beispiel aus Spannungsverhältnis von moralischer Empörung und rechtlicher Reaktion.

Josef Ackermann, Vorstandssprecher der Deutschen Bank, ist durch eine legendären Siegerpose am Rande einer Hauptverhandlung vor dem Landgericht Düsseldorf wohl für immer in die Geschichte der Praxis des Wirtschaftsstrafrechts eingegangen. Die konservative, der Kreditwirtschaft gewiss nicht feindlich gesonnene »Welt« titelte dazu am 25. Januar 2005: »V wie Verlierer. Das Victory-Zeichen … vor Gericht zeigt die elitäre Haltung …«[11]

Ackermann musste sich gemeinsam mit anderen Mitgliedern des ehemaligen Aufsichtsrates der Mannesmann AG ab Januar 2004 zunächst vor dem Landgericht Düsseldorf wegen Untreue verantworten. Die Angeklagten wurden verdächtigt, der Mannesmann AG im Rahmen ihrer Übernahme durch Vodafone durch überhöhte Prämienzahlungen und Abfindungen, unter anderem an ihren Vorstandsvorsitzenden Klaus Esser, einen Schaden in Höhe von insgesamt ca. 58 Millionen. EUR zugefügt zu haben.[12] In Erinnerung geblieben ist aus dem Verfahren, das zunächst zu einem Freispruch führte, der aber im Nachgang vom Bundesgerichtshof aufgehoben wurde[13], unter anderem

---

9 Vgl. für ähnliche gelagerte Probleme der virtuellen Sexualität im Zusammenhang mit dem Kinderpornographie-Tatbestand *Tröndle/Fischer*, o. Fn. 6, § 184b, Rn. 6.
10 So der Hallenser Oberstaatsanwalt Peter Vogt gegenüber ARD-Reportern, Beitragstext unter http://www3.ndr.de/ndrtv_pages_std/0,3147,OID3975526,00.html.
11 Ausführlich dazu *Herzog*, Bloß nicht aus der Rolle fallen …, in: Festschrift für Rainer Hamm, Berlin 2008. [
12 Aus der Flut der Veröffentlichungen zu diesem Verfahren vgl. nur *Rönnau/Hohn*, Die Festsetzung (zu) hoher Vorstandsvergütungen durch den Aufsichtsrat – ein Fall für den Staatsanwalt?, NStZ 2004, 113 ff.
13 BGHSt 50, 331.

die Aussage des Schweizers Ackermann, dass »Deutschland das einzige Land [ist], wo diejenigen, die erfolgreich sind und Werte schaffen, deswegen vor Gericht stehen«.[14]

Das Verfahren gegen Ackermann endete nach einer Neuauflage Ende 2006 mit einer Einstellung gem. § 153a StPO gegen Zahlung einer Geldauflage i.H.v. 3,2 Millionen. EUR. Auch die Verfahren gegen die anderen Angeklagten wurden eingestellt. Im Zusammenhang mit den Absprachen, die zu diesem Ergebnis führten, wurde vielfach der Vorwurf von »Klassenjustiz« und des »Handels mit der Gerechtigkeit« erhoben.

Mein Gegenstand sind bestimmte Phänomene der Kriminalpolitik; es wird deswegen hier nicht um eine Darstellung der schier unerschöpflichen Meinungsfülle im Hinblick auf die richtige Anwendung des Untreuetatbestandes und der Regelung über den Verbotsirrtum gehen, die dieses Verfahren begleitet hat. Vielmehr geht es mir darum, eine weitere Facette des Problems Ende der Moral – Stunde der Staatsanwaltschaft? zu skizzieren. Dazu ist die Pressearbeit der ermittelnden Staatsanwaltschaft anzusprechen[15]: Die Staatsanwaltschaft war in der Öffentlichkeitsarbeit in diesem Strafverfahren insbesondere im Hinblick auf den Beschuldigten Klaus Esser so übereifrig gewesen, dass es Esser im Jahr 2003 gelang, in einer Aufsehen erregenden Klage gegen das Land Nordrhein-Westfalen Schadenersatz wegen Verletzung seines Persönlichkeitsrechts zu erstreiten, welches dadurch verletzt worden war, dass die Presse von der Staatsanwaltschaft noch vor ihm als Beschuldigtem von der Einleitung eines Ermittlungsverfahrens erfahren hatte.[16] Wie lassen sich derartige Vorgänge erklären?

Die Strafverfolgung steht spätestens seit der sozialistischen Justizkritik des 19. Jahrhunderts, aber auch schon in Stimmen der Aufklärungszeit unter der Kritik, dass die Kleinen gehängt werden, während man die Großen laufen lässt. Seit etwa den 60er Jahren des vergangenen Jahrhunderts hat sich durch entsprechende kriminologische Erkenntnisse über die Häufigkeit und Sozialschädlichkeit von *white collar*-Kriminalität und daran knüpfende kriminalpolitische Projekte eine Gegenbewegung hierzu entwickelt. In Fragen der Umwelt- und Wirtschaftskriminalität ist weltweit festzustellen, dass engagierte Staatsanwaltschaften mit Unterstützung der Zivilgesellschaft gegen die Schattenseiten des Kapitalismus zu Felde ziehen. Parallel hierzu hat sich in den letzten zwei Jahrzehnten andererseits eine Selbstverständigung maßgeblicher Wirtschaftsakteure darüber ergeben, dass der Kapitalismus an sich mindestens moralisch indifferent, wenn nicht sogar bisweilen moralisch bedenklich ist, weil seine Triebkraft, Erträge zu steigern oder schlicht mehr Geld zu verdienen, für die Folgen dieses Strebens blind machen kann. Gepaart mit der Forderung nach Deregulierung ist daraus der stetig wachsende

---

14 Dieses Zitat hat *Ackermann* erst jüngst in einem Interview mit der *Zeit* autorisiert; es findet sich auf der homepage der *Deutschen Bank* unter http://www.deutsche-bank.de/de/content/company/nachrichten_angela_merkel_ und_josef_ackermann_urban_age_auszeichnung_ahg_alfred_herrhausen_gesellschaft_6308.htm?gro upnewscounter =DEU_6308_24_mai_2007_interview_mit_dr_josef_ackermann_im_neu.

15 Ausführlich und grundlegend zu den Phänomenen einer Strafverfolgung unter gesteigerter öffentlicher Aufmerksamkeit (insbesondere der Medien) *Christian-Alexander Neuling*, Massenmediale Öffentlichkeit im nicht-öffentlichen Ermittlungsverfahren (Diss. 2004), Berlin 2005.

16 OLG Düsseldorf NJW 2005, 1791 (ff.).

Diskurs um Corporate Governance und Business Ethics entstanden, der von der Behauptung geleitet wird, die Lenkungskraft des Rechts habe versagt, jedoch werde die Kraft des Marktes ethisch handelnde Unternehmen belohnen und unethisches unternehmerisches Handeln »bestrafen«. Offenbar funktioniert dieses Modell jedoch (noch) nicht in dem erwarteten Umfang. Aber auch das Konzept der strafrechtlichen Intervention ist etwa im Falle Mannesmann/Vodafone als Tiger abgesprungen und als Bettvorleger gelandet.

Dies hängt nach einem schönen Begriff des Rechtstheoretikers Gunther Teubner mit dem »regulatorischen Trilemma« zusammen:[17]

Das erste Element dieses Trilemmas nennt *Teubner* »wechselseitige Indifferenz«.

Die regulatorischen Ambitionen gegenüber den wirtschaftlichen Wildwüchsen bedienen sich rechtlicher Regelungen, die nur schwer oder fast gar nicht auf die Vorgänge passen. Diese Regelungen – wie etwa der Untreuetatbestand – werden in dem Bewusstsein, das irgendetwas faul ist und irgendetwas unternommen werden sollte, in Stellung gebracht. Die betroffenen Akteure und ihre Anwälte weisen empört auf die Überdehnung von Straftatbeständen und überzogene Strafverfolgungsmaßnahmen hin, was häufig die Strafverfolgung zunächst eher beflügelt als bremst. Man beginnt in dieser Phase des Trilemmas aneinander vorbeizureden.

Das zweite Element des Trilemmas nennt *Teubner* »gesellschaftliche Desintegration durch Recht«. Überregulation durch Recht und Überreaktionen des Kriminaljustizsystems können Diskurse gesellschaftlichen Verantwortungsbewusstseins zum Absterben bringen. Trotzig fragen Wirtschaftsakteure, warum sie sich noch um Verfahren der Selbstregulation Gedanken machen sollten, wenn sie doch unter einer unberechenbaren Gefahr stehen, »Opfer« staatsanwaltschaftlicher Ermittlungen und einer forcierten strafrechtlichen Kontrolle der Wirtschaft zu werden.

Das dritte Element nennt *Teubner* »rechtliche Desintegration durch Gesellschaft«. Werden zunehmend scheiternde rechtliche Interventionen und Regulationen unternommen, tritt ein paradoxer Effekt ein. Was mit dem Ziel unternommen wurde, zu beweisen, dass man die Großen nicht laufen lässt, tritt genau den Gegenbeweis an. Der Glaube an die Ordnungs- und Orientierungskraft des Rechts geht verloren.

Strafverfahren wie das in Sachen Mannesmann/Vodafone blähen sich zunächst moralisch auf und zerplatzen dann in Deals – für deren Peinlichkeit die Öffentlichkeit ein feines Gespür hat – wie Seifenblasen. Einer Selbstverständigung der Gesellschaft über moralische Grundlagen wirtschaftlichen Handelns erweisen sie damit einen ganz schlechten Dienst.

---

17 Dieses Konzept hat *Teubner* zunächst in dem Vortrag Verrechtlichung – Begriffe, Merkmale, Grenzen, Auswege (EUI Working Paper 87/1984). In: Friedrich Kübler (ed.), Verrechtlichung in Wirtschaft, Arbeit und sozialer Solidarität: Vergleichende Analysen, Nomos, Baden-Baden 1984 and Suhrkamp, Frankfurt 1985, 289–344 präsentiert – und sodann ausgearbeitet in: Das regulatorische Trilemma: Zur Diskussion um post-instrumentale Rechtsmodelle. In: Quaderni Fiorentini per la Storia del Pensiero Giuridico Moderno 13, 1984, 109–149 und in: Brüggemeier/ Joerges (Hrsg.), Workshop zu Konzepten des postinterventionistischen Rechts, ZERP-Material 4, 1984, 94–160.

Als weiteres Beispiel für eine verunglückte Herangehensweise an moralisch fragwürdige Vorgänge des Wirtschaftslebens könnte das Verfahren in Sachen Peter Hartz angesprochen werden. Nur so viel: Die empörten Kommentare in den Medien nach dem ausgehandelten Verfahrensverlauf und -ende erscheinen weniger Stimmungsmache zu sein als der Spiegel einer weit verbreiteten Stimmung in der Bevölkerung, in die nun häufig neben Politikverdrossenheit auch Justizverdrossenheit zu treten droht.

Das sei schließlich noch mit einem weiteren aktuellen Beispiel illustriert, das in den engeren Bereich der Politik führt. Man könnte auch über den Ausgang des Verfahrens gegen Helmut Kohl sprechen,[18] der damals in seinen ersten Stellungnahmen die gegen ihn erhobenen Vorwürfe als Diffamierungen und unhaltbare Anschuldigungen bezeichnet hatte, oder mit Blick über die Grenzen auf den ehemaligen italienischen Ministerpräsidenten Berlusconi zu sprechen kommen, an dem sich ganze Generationen von italienischen Staatsanwälten und Richtern unter übelsten Schmähungen durch Berlusconi abgearbeitet haben (manche Politikwissenschaftler gehen davon aus, dass schon sein Eintritt in die Politik vom Gedanken getragen gewesen sei, auf diese Weise seine Strafverfolgung effizienter abwehren zu können). Mein Beispiel soll der Fall des ehemaligen Bundesinnenministers *Manfred Kanther* sein, von dem im September 2007 in der Presse ein Bild erschienen war, das ihn erleichtert lachend nach der Beendigung des gegen ihn geführten Strafverfahrens zeigte. Bildunterschrift: »Hatte gestern gut lachen. Für Ex-Minister Manfred Kanther scheint die in erster Instanz verhängte Haftstrafe vom Tisch zu sein«. Hören wir einmal den Bericht der Frankfurter Neuen Presse dazu in Auszügen: »Die Vorsitzende Richterin schlug am Dienstag eine Geldstrafe von 300 Tagessätzen wegen Untreue für Kanther vor ... Den vom Bundesgerichtshof ins Spiel gebrachten Vorwurf des Betrugs zum Nachteil der Bundesrepublik Deutschland will die Kammer nicht weiter verfolgen, sondern das Verfahren in dieser Hinsicht einstellen. Alle Prozessparteien signalisierten Zustimmung zu diesem Vorgehen. In einer von seinem Verteidiger verlesenen Erklärung betonte Kanther, es sei Zeit, nach siebenjähriger Dauer unter das Strafverfahren einen Schlussstrich zu ziehen. Eine Fortsetzung sei ihm und seiner Familie nicht mehr zuzumuten.«[19].

Am Anfang dieses Geschehens stand das »Verstecken« und »Verstecktlassen« von Geldern zum Teil bis heute ungeklärten Ursprungs aus dem Vermögen des CDU-Landesverbandes Hessen zunächst auf Konten in der Schweiz, sodann nach der Verschärfung der Regelungen über Parteienfinanzierung und erweiterter Rechenschaftspflichten auf Konten einer in Liechtenstein gegründeten Stiftung, deren Begünstigter der Landesverband der CDU war. Das Vermögen dieser Stiftung betrug bis zur Aufdeckung Ende 1999 durchschnittlich 18 Millionen DM und damit etwa das Fünffache des offiziellen Jahreshaushaltes der Hessen-CDU.[20]

---

18 Vgl. den Beschluss des LG Bonn zur Verfahrenseinstellung NJW 2001, 1736.
19 Titelseite der Frankfurter Neuen Presse vom 26.9.2007.
20 Prägnante Zusammenfassung des Sachverhalts bei *Ransiek*, »Verstecktes« Parteivermögen und Untreue, NJW 2007, 1727.

Wie vom Landgericht in erster Instanz festgestellt[21] und vom BGH bestätigt[22], ist das Bilden »schwarzer Kassen« allgemein und damit auch in diesem Falle ein geradezu klassischer Fall einer pflichtwidrigen Schädigung im Sinne des Treubruchtatbestandes des § 266 StGB. Zwar sollten in der hier in Rede stehenden Konstellation – wie die Gestaltung der Stiftung nach liechtensteinischem Recht zeigt – der Hessen-CDU als Begünstigter die Gelder nicht gänzlich entzogen werden. Nach ebenfalls gesicherter Untreuedogmatik erfordert der Treubruchtatbestand jedoch nicht die Bildung einer schwarzen Kasse zu »eigennützigen Zwecken«. Es geht darum, dass bei der Bildung von »schwarzen Kassen« das Geld aus der Einflusssphäre desjenigen, dessen Vermögen zu betreuen ist, in den Machtbereich des Täters überführt wird. An der »schwarzen Kasse« in Liechtenstein bestand keine Dispositionsbefugnis der berechtigten Hessen-CDU, vertreten durch ihren Landesvorstand, mehr, sondern die Verfügungsgewalt eines eingeschworenen Kreises von CDU-Honoratioren. Niemandem aus diesem Kreis braucht man unlautere Motive zu unterstellen, um die Gefahr einer solchen Gestaltung zu erkennen. Einem demokratisch nicht kontrollierten »inner circle« der Partei stehen durch die gewaltigen dahinter stehenden finanziellen Mittel politische Gestaltungsmöglichkeiten zur Verfügung, die zu einem Missbrauch geradezu einladen. Nun mag man sich damit beruhigen, dass Tugenden wie Treue und Zuverlässigkeit hier weitere Gefahren – etwa der persönlichen Bereicherung – ausgeschlossen haben. Aber ein Blick auf die Vorgänge bei der Auflösung der traditionellen italienischen Parteienstruktur von den Sozialisten bis hin zur Democrazia Christiana mag darüber belehren, welche Entwicklungen mitten in Europa und nicht nur in Lateinamerika möglich sein können. Dort wie hier hat sich folglich auch die Staatsanwaltschaft aufgerufen gesehen, Licht in das Dunkel zu bringen und die Verantwortlichen zur Rechenschaft zu ziehen. Begleitet war dies in der Öffentlichkeit durch große Erwartungen: Wenn man in die Politiker schon kein Vertrauen mehr setzen konnte, dann könnte vielleicht wenigstens die Justiz (im Zusammenwirken mit der vierten Gewalt, der Presse) wieder für eine Reinigung des Staates vom Schmutz der Politik sorgen. Eine solche Rollenzuweisung und Rollenübernahme entspricht in gewisser Weise einer historischen Substanz der Institution der Staatsanwaltschaft als Wächterin der Gesetzlichkeit und objektivste Behörde der Welt, die nicht für die Herrschaft, sondern für die Zivilgesellschaft tätig wird. Freilich bleibt die Staatsanwaltschaft auch in dieser Rolle an die normativen Vorgaben ihres Einschreitens und an die rechtsstaatlichen Grenzen des Kriminaljustizsystems gebunden. Ihr obliegt es nicht, über Tugenden wie Treue, Glaube, Redlichkeit und Zuverlässigkeit zu wachen, den Augiasstall der Politik auszumisten und moralische Defizite anzuprangern. Die »brutalstmögliche Aufklärung« solcher Verhältnisse kann nur die Politik selber leisten, während die Strafverfolgung an die Verhältnismäßigkeit und den Wortlaut der Straftatbestände gebunden bleibt. Dieses Korsett für die Rolle der Staatsanwaltschaft ist dann auch durch viele Stimmen aus der Wissenschaft – die dann von den Verteidigern ihrer Aufgabe entsprechend ins Feld geführt wurden – eng geschnürt worden. Von filigranen Betrachtungen zu Verjährungsfragen über feinsinnigste

---

21 LG Wiesbaden, Urt. vom 18.4.2005 - 6 Js 320.4/00 -16 KLs, dokumentiert bei *juris*.
22 BGH NJW 2007, 1760.

Konstruktionen der Unterlassungsdogmatik bis hin zu eher zielgerichteten Erwägungen zur subjektiven Tatseite wurde nichts ausgelassen,[23] um der Kriminaljustiz vorzuhalten, dass sie zwar möglicherweise nachvollziehbare gesellschaftliche Anliegen aufgreife, aber im strafrechtlichen Sinne Unschuldige verfolge.

Auch hier ist ein Ergebnis wie im Fall *Ackermann* festzustellen – am Ende steht der Deal, der von großen Teilen der Öffentlichkeit als Kapitulation der Justiz vor der ihr angetragenen Aufgabe wahrgenommen wird. In Anlehnung an das Wort von *Bärbel Bohley* über die strafjustizielle Aufarbeitung des DDR-Unrechts »Wir wollten Gerechtigkeit und haben den Rechtsstaat bekommen«, kann man vielleicht formulieren: »Wir wollten ein Urteil und ihr habt euch auf einen Handel eingelassen.« Auf dieses Spannungsverhältnis von Erwartungen und Erwartungsenttäuschungen werde ich zum Schluss noch einmal zurückkommen.

Lassen Sie mich aber zuvor noch auf einen letzten Bereich aktueller Entwicklungen der Strafverfolgung gesellschaftlich-moralischer Verfallserscheinungen zu sprechen kommen, den man vielleicht etwas entspannter betrachten kann, dem aber für meine Situationsbeschreibung ein hoher Illustrationswert zukommt.

In der eingangs geschilderten Situation der Fragmentierung von Moral und des Abhandenkommens allgemeingültiger Verhaltensmaßstäbe wächst dem Sport als Hort von Tugenden wie Fairness, Respekt und ehrlichem Wettbewerb fast der Stellenwert einer Zivilreligion zu. Dies ist angesichts der allgegenwärtigen Kommerzialisierung dieses gesellschaftlichen Teilsystems durch Profisport, Werbeverträge und Wettindustrie eine beachtliche Leistung der kontrafaktischen Aufrechterhaltung von Erwartungen. Jedermann müsste eigentlich wissen, dass Marktmechanismen wie der Verdrängungswettbewerb und das Profitinteresse dazu führen, dass nur der als Werbeträger interessant ist, der mit spektakulären Leistungen auf sich aufmerksam macht, dass wirklich spektakuläre Leistungen regelmäßig nur noch durch Doping möglich sind, und dass das Profitinteresse insofern moralische Zweifel (falls sie überhaupt auftauchen sollten) überspielt. Mit dem Radprofi *Jan Ullrich* ist nun offenbar eine Person gefunden worden, an der mit den Mitteln der Strafverfolgung die kontrafaktischen Erwartungen stabilisiert werden sollen.[24] Die Ermittlungen der Staatsanwaltschaft Bonn gegen Jan Ullrich wegen Betruges zum Nachteil seines früheren Rennstalls T-Mobile gehen auf eine Strafanzeige der Bielefelder Strafrechtsprofessorin und Kriminologin Britta Bannenberg zurück, die früher selber im Leistungssport aktiv gewesen ist. Ullrich soll sich beim spanischen Arzt Eufemiano Fuentes verbotenem Blutdoping unterzogen haben und dies gegenüber T-Mobile vertragswidrig verschwiegen haben. Eine im Auftrag der Staatsanwaltschaft vorgenommene DNA-Analyse ordnete in Spanien bei Fuentes sichergestelltes Blut Jan Ullrich zu. Finanzermittlungen sollen darüber hinaus ergeben haben, dass von einem Genfer Konto Ullrichs zu Jahresbeginn 2004 25.000 Euro an den mutmaßlichen Dopingarzt überwiesen worden seien. Ulrich schweigt zu diesen Vorwürfen.

---

23 Vgl. exemplarisch *Ransiek*, o. Fn. 20.
24 Für die nun folgende Darstellung vgl. *Mertens*, Jan Ullrich und die Unschuldsvermutung, SpuRt 2006, 177 ff.

Während das Verfahren gegen Fuentes von der spanischen Justiz nach zehnmonatigen Ermittlungen eingestellt worden ist, da Doping im Tatzeitraum in Spanien noch nicht strafbar war, dauern die Betrugsermittlungen in Deutschland an. Aus der Staatsanwaltschaft Bonn wurde hierzu verlautbart, der Rechtsfall sei komplex, denn schließlich gehe es »nicht um Fahren ohne Führerschein«. Überhaupt hat sich die Staatsanwaltschaft Bonn hier in einem bedenklichen Umfang dem öffentlichen Interesse an diesem Fall gestellt und mit ihrer Pressepolitik ein Klima geschaffen, das wenig Zweifel daran zulässt, es handele sich hierbei um einen »Fall für den Staatsanwalt«. Soweit Jan Ullrich vorgeworfen wird, den Straftatbestand des Betruges erfüllt zu haben, steht er unter dem Schutz der Unschuldsvermutung. Materiell-rechtlich bestehen im objektiven Tatbestand des Betruges erhebliche Zweifel an einem tatbestandsrelevanten Irrtum, wenn man bedenkt, welch hohen Bekanntheitsgrad der im Profiradsport herrschende Dopingmissbrauch spätestens seit der Festina-Affäre während der Tour de France 1998 hatte. Sollte insofern auch bei den Verantwortlichen seines Rennstalls in unfassbarer Blauäugigkeit eine kontrafaktische Erwartungshaltung aufrechterhalten worden sein, wäre hier nach meiner Sicht die Grenze des strafmildernden Opfermitverschuldens zur tatbestandsausschließenden Ignoranz überschritten. Jan Ullrich mag zwar »Betrug« am Zuschauer oder dem Sportsgeist verübt haben, ein Vermögensdelikt lässt sich dagegen wahrlich schwer begründen.

Offenbar ist die Staatsanwaltschaft auch hier beim Aufgreifen eines gesellschaftlich legitimen Anliegens in den prekären Bereich der Grenze von Recht und Moral geraten und droht diese Grenze zu überschreiten. Jan Ullrich ist kein Fall für die Staatsanwaltschaft, sondern ein Fall für die Selbstregulierung des Sports und die Selbstverständigung in dort zu führenden Verfahren. Wie sehen diese Verfahren aus?[25] Ein Profi-Radfahrer muss zur Ausübung seines Berufes eine Profilizenz besitzen. Diese Lizenz ist Jan Ullrich vom Schweizer Radsportverband erteilt worden. Im Verfahren der Lizenzerteilung unterwirft sich der Radfahrer den Dopingregeln des internationalen Radsportverbandes UCI, in die der World Anti-Doping Code inkorporiert ist. Dieser Code – eine nichtstaatliche internationale Verbandsübereinkunft – geht bei der Zurechnung von Dopingverstößen von der Regel der »strict liability« aus. Dies bedeutet eine schuldunabhängige Verantwortlichkeit eines Sportlers für den Zustand seines Körpers. Ein gegengeprüfter (sog. A- und B-Probe) Dopingbefund führt zur Feststellung eines Dopingverstoßes mit den entsprechenden Konsequenzen. Zwar besteht die Möglichkeit, gegen die Sanktionen den internationalen »Court of Arbitration for Sport (CAS)« anzurufen, der in seiner Rechtsprechung die Regel der *strict liability* kritisch betrachtet – aber zunächst ist ein Sportler durch die Dopingsanktion mehr oder weniger stigmatisiert und sein Marktpreis ruiniert, wie zahlreiche Fälle der Vergangenheit zeigen.

Man sollte meinen, dass dies zur Klarstellung der normativen Erwartungen an einen exponierten Sportler in seiner Vorbildfunktion ausreicht. Man muss jedoch befürchten, dass das strafrechtliche Verfahren gegen Jan Ullrich weitergeführt werden wird, weil sich die Staatsanwaltschaft eben in die hier diskutierte Rolle eines moralischen Wächteramtes zu tief hineinbegeben hat und nur schwer

---

25 Dazu *Mertens*, a.a.O., 179 f.

zurück kann. Man muss weiter befürchten, dass uns dann ein langwieriges Verfahren ins Haus steht, ausgehend von vorpreschenden Konstruktionen der Staatsanwaltschaft in der Anklageschrift und endend mit einem dieser bekannten Verständigungen über den Abschluss des Verfahrens. Wie schon einmal gesagt: Der Tiger springt ab und landet als Bettvorleger.

An dieser Stelle soll es mit den Beispielen sein Bewenden haben und ich möchte von den ernüchternden Befunden zu weiterführenden Gedanken kommen.

Das Internet ist nicht nur ein Ort des Bösen, wo Menschen ihren Obsessionen nachgehen, weil vielen von ihnen in einer Welt fragmentierter Moral ein innerer moralischer Kompass fehlt und soziale Kontrolle weitgehend abwesend ist. Es ist auch ein Medium des wissenschaftlichen Fortschritts, erschließt Menschen die Möglichkeit der Bildung und der Kommunikation, es spielt etwa auch eine wichtige Rolle in Kampagnen für den Schutz von Menschenrechten und des Widerstandes gegen totalitäre Regime. Die erschreckenden Phänomene von Sex, Gewalt und Menschenverachtung dort sollten nicht zu einer unreflektierten Expansion strafrechtlicher Verfolgung führen. Strafrecht ist kein probates Mittel, in Zeiten des moralischen Separatismus eine Leitfunktion zu übernehmen. Über die Wirkungsweise strafrechtlicher Sozialkontrolle gibt es nur wenige verlässliche wissenschaftliche Erkenntnisse. Als gesichert kann nur gelten, dass ein wesentlicher Faktor für die Kraft des Strafrechts die »Kontrolldichte« ist. Gleichzeitig weiß man aber, dass hohe Verfolgungsintensität zur Ausbildung von hermetischen Subkulturen und Verdunkelungsstrategien führt. Eine flächendeckende Kontrolle des Netzes und des dort anzutreffenden Nutzerverhaltens müsste also zu totalen Überwachungsstrukturen führen. Cyber-Policing und staatsanwaltschaftliche Schwerpunktsetzungen hätten so einen hohen Preis für die Freiheit der Kommunikation. Statt nach mehr Polizei im Netz und nach entschlossener Strafverfolgung zu rufen, sollten uns die erschreckenden Phänomene der *moral insanity* Anlass sein, über deren gesellschaftlichen Entstehungsbedingungen zu sprechen und die Hoffnung nicht aufzugeben, dass soziale Kontrolle durch gesellschaftliche Selbstregulation und Medienpädagogik gelingen kann.

Auch im Bereich von Wirtschaft und Politik wird zu oft, zunehmend und in Verkennung der Grenzen der Möglichkeiten und der Wirksamkeit des Strafrechts auf Erscheinungen der normativen Desorientierung und sozialen Unordnung durch moralische Fragmentierung mit den Mitteln der Strafverfolgung reagiert. In einer Art Patchwork-Moral greift die Strafverfolgung mal auf unanständige Profitgier, mal auf Korruption, mal auf unverantwortliche Spekulationen in der Finanzwirtschaft, mal auf dubiose Parteifinanzierungsmodelle zu. Je mehr moralische Orientierungsaufträge die Strafverfolgung dabei übernehmen soll und übernimmt, desto weniger kann sie ihrer Aufgabe gerecht werden, die wirklich grundlegenden Normen friedlichen Zusammenlebens in gegenseitiger Anerkennung zu behaupten und zu sichern. Derartige Verfahren verlieren sich in Aufgaben, die nicht erfolgreich zu Ende gebracht werden können, und die in den ausgehandelten Verfahrensbeendigungen erhebliche Verluste des Ansehens der Justiz zur Folge haben. *Ackermann*, *Hartz*, *Holger Pfahls*, *Max Strauß* und *Kanther* stehen in der Öffentlichkeit nicht für Klarstellungen dessen, was in unserer Gesellschaft als ein strafwürdiges Verhalten anzusehen ist, sondern dafür, wie man durch Verhandlungsgeschick und hoch dotierte Verteidigung die Justiz ausbremsen und glimpflich davonkommen kann.

Die Forderung nach staatsanwaltschaftlichen Ermittlungen gegen Doping im Sport – und wenn es dann noch keinen einschlägigen Straftatbestand gibt, dann eben auf der Grundlage des Betrugstatbestandes – ist kontraproduktiv, weil das Problem von einer notwendigen gesellschaftlichen normativen Verständigung auf das Feld juristischer Spitzfindigkeiten umgeleitet wird. Stattdessen sollten durch Veränderungen in der staatlichen Sportförderungspolitik und durch eine Debatte um die Strukturen des kommerziellen Sponsoring diejenigen Kräfte im Sport selber unterstützt werden, die Selbstverpflichtungen und Selbstregulierung weiterentwickeln möchten.

Wenn das Strafrecht also nicht schwindende gesellschaftliche Normen substituieren und sich gegen die Fragmentierung der Moral stemmen soll, fragt sich: Welche Aufgabe bleibt?

Eine weit gedehnte ambitionierte Strafverfolgung aller derjenigen Erscheinungen in Gesellschaft, Wirtschaft und Politik, die uns verunsichern und verstören, die moralische Defizite deutlich machen und nach Orientierungen zu verlangen scheinen, steht in der Gefahr, die Kernaufgabe des Strafrechts zu vernachlässigen.

Es bestehen leider Anzeichen dafür, dass auch im Kernbereich des Strafrechts, im Bereich der gewaltförmigen Übergriffe zwischen Menschen, betreffe es ihren Körper, ihre Freiheit, ihre sexuelle Selbstbestimmung oder ihr Eigentum, die Bedeutung moralischer Maßstäbe und Grenzen schwindet. Für solche Taten muss es einen Ort in der Gesellschaft geben, an dem öffentlich, verbindlich und mit klaren Ansagen und Folgen über die Geltung der fundamentalen Normen verhandelt werden kann. Dieser Ort ist das Kriminaljustizsystem. Dort kann der Kanon unverzichtbarer Verhaltensgebote manifestiert werden. Im diesem Bereich überschneidet sich das Recht mit dem zentralen Inhalt von Moral, der auch in einer Zeit moralischer Fragmentierung bestehen bleibt – der Achtung von Selbstbestimmung und wechselseitiger Anerkennung. Das Strafrecht hat in diesem Bereich auch die expressive moralische Funktion, festzustellen, dass eine böse und vergeltungswürdige Tat geschehen ist. Dies verschafft den Opfern berechtigte Genugtuung und kann ihnen helfen, sich wieder aufzurichten, und bestärkt die Menschen im Vertrauen in den Fortbestand jedenfalls der grundlegenden Normen friedvollen Zusammenlebens. Dies wäre ein adäquates modernes Verständnis einer moralischen Wirkung des Strafrechts oder – mit einem altväterlichen, historisch nicht unbelasteten Wort – von der sittenbildenden Kraft des Strafrechts.[26]

---

26 Vgl. für dieses Konzept von positiver Generalprävention grundlegend *Hassemer*, Einführung in die Grundlagen des Strafrechts, 2.Aufl., München 1990, § 30.

Prof. Dr. Jutta Limbach

Soziale Gerechtigkeit und das Recht auf Bildung in der Bremer Verfassung

Die soziale Gerechtigkeit ist gegenwärtig in aller Munde. Für die Mehrheit der deutschen Bevölkerung liegt sie im Argen. Die Kinderarmut und die PISA-Erkenntnis, dass in keinem Land der Schulerfolg so eng mit der sozialen Herkunft verknüpft ist wie in Deutschland, scheint die Sinne für soziale Ungleichheiten geschärft zu haben. Mit Bezug auf die Jüngsten kann man sich schwerlich mit der Annahme »selbst schuld« der Anteilnahme entziehen. Man hätte ja auch selbst in ein ärmliches Elternhaus hineingeboren werden können.

Am Puls der Leserschaft widmet die Presse dem Missverhältnis von Arm und Reich die Aufmerksamkeit und (ver-)zeichnet eine tiefe Kluft zwischen Wohlhabenden und Abgehängten. Die politischen Parteien machen sich nicht nur programmatisch Gedanken. Weniger in der Frage des Ob als vielmehr in der des Wie zeigen sich Meinungsunterschiede innerhalb und zwischen den Parteien. Noch nie war das Links-Überholen in der parteipolitischen Auseinandersetzung so populär wie in unseren Tagen.

Die Tonart des Sozialen

Für die bremische Verfassung, die am 21. Oktober 2007 60 Jahre alt geworden ist, ist das Konzept der sozialen Gerechtigkeit alles andere als neu. Keine der unmittelbar nach dem Zweiten Weltkrieg formulierten deutschen Verfassungen – einschließlich des Grundgesetzes – hat das Ideal der sozialen Gerechtigkeit so üppig und vielschichtig thematisiert wie die bremische. Schon in der Präambel heißt es, dass die Bürger willens seien, eine Ordnung des gesellschaftlichen Lebens zu schaffen,

»in der soziale Gerechtigkeit, die Menschlichkeit und der Friede gepflegt werden, in der der wirtschaftlich Schwache vor Ausbeutung geschützt und allen Arbeitswilligen ein menschenwürdiges Dasein gesichert wird«.

Wie ein roter Faden zieht sich die Tonart des Sozialen durch das Verfassungsdokument. Das beginnt – um nur einige Beispiele zu nennen – bei den Grundrechten, so darf niemand wegen seiner sozialen Stellung bevorzugt oder benachteiligt werden, führt über das gleiche Recht auf Bildung und den Schutz vor Ausbeutung zu dem Staatsziel der sozialen Gerechtigkeit, um schließlich bei den »rechtsgelehrten Richtern« zu enden, die ihr Amt im Geiste der Menschenrechte ... und der sozialen Gerechtigkeit auszuüben haben (Art. 2, 27, 39, 65, 136 BremVerf).

Apropos: »im Geiste der Menschenrechte«. Die Rechtsgelehrten unter uns merken auf; denn die Bremer Verfassung hat hier eine berühmte Entscheidung des Bundesverfassungsgerichts zur Ausstrahlungswirkung der Grundrechte in alle Gebiete des Rechts vorweggenommen; nämlich die Lüth-Entscheidung, laut der alle Rechtsvorschriften – ob des Zivil- oder des Strafrechts – im Geiste des grundrechtlichen Wertesystems ausgelegt werden müssen.

Die Bremer Verfassung verbindet auf beeindruckende Weise den die soziale Existenz sichernden mit dem vorsorgenden Sozialstaat, d.h. den sozialen Schutz des wirtschaftlich Schwachen mit dem Auftrag an die Politik, die Bürger und Bürgerinnen zu befähigen, ein eigenverantwortetes Leben zu führen. Den Streit, der gegenwärtig von Frau Schavan mit den Linken, von Franz Müntefering mit Andrea Nahles geführt wird, hat die bremische Verfassung bereits vor 60 Jahren im Sinne eines Sowohl-als-auch entschieden.

Was die Sicherung eines menschenwürdigen Daseins angeht, sei beispielhaft nur auf die Schaffung einer das gesamte Volk verbindenden Sozialversicherung und den Lebensunterhalt aus öffentlichen Mitteln hingewiesen. Dieser ist zu gewähren, wenn jemand nicht in der Lage ist, den Lebensunterhalt für sich und seine Angehörigen durch Erwerbstätigkeit oder aus seinem Vermögen zu bestreiten (Art. 57 und 58 BremVerf.).

Im Gegensatz zum Grundgesetz, aber ähnlich wie die Weimarer Reichsverfassung kennt die Bremer Verfassung auch Pflichten. So hat jeder die sittliche Pflicht zu arbeiten und ein Recht auf Arbeit, die Pflicht der Treue gegen Volk und Verfassung. Auch hat jeder und jede kraft Verfassung die Pflicht, am öffentlichen Leben teilzunehmen, Ehrenämter[1] anzunehmen und seine Kräfte zum Wohle der Allgemeinheit einzusetzen. Negative Sanktionen – wie etwa Bußgelder im Falle der Unwilligkeit – kennt die Verfassung begreiflicherweise nicht. Dieser mehr oder minder symbolische/appellhafte Pflichtenkatalog macht jedoch eines deutlich: dass das Menschenbild der Bremer Verfassung der mündige Staatsbürger und die politisch verantwortlich denkende Staatsbürgerin sind.

Das wird noch deutlicher in dem Abschnitt der Verfassung, der der Bildung und Erziehung sowie dem Unterricht gewidmet ist. Auf dieses Kapitel werde ich im Folgenden meine Aufmerksamkeit konzentrieren. Nicht nur, weil es uns anregt, darüber nachzudenken, was die Politik wie zugunsten unserer Jugend und unserer Kinder tun und leisten muss. Vielmehr geht es um einen Bereich, der auch und gerade nach der Föderalismusreform ureigene Aufgabe des Landes ist.

Abschied von der bürgerlichen Bildung
Denken wir an die Zeit nach dem Ende des Zweiten Weltkriegs zurück. Da ging es im Westen des Landes vor allem darum, die Menschen zur Demokratie zu erziehen. In der Reform des Bildungswesens sahen damals vor allem liberal gesinnte Geister – wie Ralf Dahrendorf und Hildegard Hamm-Brücher – einen Hebel für die Entwicklung einer demokratischen politischen Kultur. War doch die Weimarer Republik auch an dem vorherrschenden Untertanengeist der Bevölkerung und daran gescheitert, dass der demokratischen Verfassung loyale Vollstrecker weitgehend fehlten.

Es galt ein modernes Bildungsverständnis zu entwickeln und die Enge und Exklusivität des überkommenen Begriffs zu überwinden. Der mitleidlose Abschied der 68er von dem aus dem 19. Jahrhundert überkommenen Bildungskonzept ist nur zu verstehen, wenn wir bedenken, dass die sogenannte bürgerliche Bildung die Deutschen im vorigen Jahrhundert nicht vor dem Rückfall in die

---

1 Nach Maßgabe des Gesetzes allerdings (Art. 9 BremVerf).

Barbarei bewahrt hat. Hinzu kommt, dass man darunter einen »Inbegriff von Wissen und Kennerschaft« verstanden hat, den sich alle oder viele Europäer teilen, soweit sie einer bestimmten Schicht, dem gehobenen, insbesondere dem akademischen Bürgertum angehören (Manfred Fuhrmann).

Nach 1945 war man sich einig, dass der Zugang zur Bildung künftig nicht mehr von dem Vermögen und gesellschaftlichen Status abhängen soll. Die Bremer wie einige andere Verfassungen der Länder haben daher ausdrücklich jedem – nach Maßgabe seiner Begabung – das gleiche Recht auf Bildung eingeräumt. Das Gleichheitsversprechen der demokratischen Verfassung fordert aber nicht nur den Abschied von einem exklusiven, ausgrenzenden Bildungsverständnis heraus. Es gilt/galt dafür Sorge zu tragen, dass dieses Recht auch ausgeübt werden kann, dass die Menschen wirtschaftlich in die Lage versetzt werden, sich bilden zu können.

Der Unterschied von formaler Chancengleichheit und fairer Chancengleichheit war den Bremer Verfassungsvätern und -müttern nicht entgangen. Sie haben bereits in der Verfassung dafür Sorge getragen, dass diese Rechte auch von den aus ärmlichen Verhältnissen stammenden Menschen ausgeübt werden können. Nicht nur soll das gleiche Recht auf Bildung – so die Verfassung – durch öffentliche Einrichtungen gesichert werden (Art. 27 Abs. 1 und 2 BremVerf). Kraft Verfassung soll der Unterricht an allen öffentlichen Schulen unentgeltlich sein und auch die Lehr- und Lernmittel unentgeltlich bereitgestellt werden. Schon im Jahre 1947 ordnete die bremische Verfassung an, dass Minderbemittelten bei entsprechender Begabung durch Beihilfen und andere Maßnahmen der Besuch der Höheren Schule, der Fachschule oder der Hochschule ermöglicht werden soll.

Trotz dieses Ausbaus der formalen zur fairen Chancengleichheit müssen wir die unerfreuliche Wahrheit zur Kenntnis nehmen, dass auch in Bremen – wie in der Bundesrepublik insgesamt – der Bildungserfolg nach wie vor von der sozialen Herkunft abhängt. Unentgeltlicher Unterricht sowie unentgeltliche Lehr- und Lernmittel sichern nicht den Schulerfolg und sei es auch nur in der Form des Hauptschulabschlusses. Nicht die Schulen sind allein für die Defizite verantwortlich. Offensichtlich werden die Weichen für das Fortkommen in Schule und Beruf schon in der frühkindlichen Sozialisation gestellt.

Schon im Elternhaus müssten der Grundstein für die Bildung gelegt und elementare kulturelle Fähigkeiten eingeübt werden. Dazu gehört das Erlernen der Sprache, insbesondere der Landessprache, aber auch die Bekanntschaft mit dem Buch. Die mit der Sprache zu erwerbende Fähigkeit, Gedachtes auszudrücken, wenn nicht überhaupt zu denken, prägt den Menschen und sein Hirn von frühen Kindestagen an – sowohl als Individuum wie auch als geselliges Wesen. Bereits das Bilderbuch regt Phantasie und Wissbegier an, vermittelt die Kenntnis von Lebensweisen anderer Menschen und eröffnet so die Chance, sich in die Vorstellungswelt anderer hineinzuversetzen. Elternhäuser, die das in der Erziehung ihrer Kinder beherzigen, verschaffen diesen einen – offenbar kaum einholbaren – Vorsprung.

Die Kinder, die in (bildungs)arme Familien hineingeboren werden, wird man schwerlich ihren Eltern nach der Geburt wegnehmen können, um diesen herkunftsbedingten Nachteil auszugleichen. Das verbietet nicht nur unsere freiheitliche Verfassung, sondern auch das Kindeswohl, das nicht allein von dem Sprachvermögen und den Vermögensverhältnissen der Eltern abhängt. Aber man kann versuchen, durch Vorschulkindergärten und Gesamtschulen diese Mängel der frühkindlichen Sozialisation so weit als irgend möglich auszugleichen. Hier gilt es soziale und politische Phantasie zu entwickeln, wie Staat und Zivilgesellschaft hier helfend eingreifen können.

Bei Bildung geht es um mehr als um das Sprechen und das Lesen-, Schreiben- und Rechnenkönnen. Sie soll nicht nur Wissen und Können vermitteln, sondern auch Herz und Charakter bilden. So treffend die Bayerische Verfassung, die ich hier im Norden einmal zitieren darf. Bildung zielt auf die Persönlichkeit, auf den Charakter und die Fähigkeit des Menschen, aktiv am Leben der Gesellschaft als Bürger und Bürgerin teilzunehmen. Die Bremer Verfassung ist hier in besonderem Maße beredt und auf der Höhe der Zeit. Es lohnt sich wirklich, gerade am Geburtstag der Verfassung noch einmal den genauen Text zu studieren:

Art. 26: (Erziehungs- und Bildungsziele) Die Erziehung und Bildung der Jugend hat im Wesentlichen folgende Aufgaben:
1. Die Erziehung zu einer Gemeinschaftsgesinnung, die auf der Achtung der Würde jedes Menschen und auf dem Willen zu sozialer Gerechtigkeit und politischer Verantwortung beruht, zur Sachlichkeit und Duldsamkeit gegenüber den Meinungen anderer führt und zur friedlichen Zusammenarbeit mit anderen Menschen und Völkern aufruft.
2. Die Erziehung zu einem Arbeitswillen, der sich dem allgemeinen Wohl einordnet, sowie die Ausrüstung mit den für den Eintritt in das Berufsleben erforderlichen Kenntnissen und Fähigkeiten.
3. Die Erziehung zum eigenen Denken, zur Achtung vor der Wahrheit, zum Mut sie zu bekennen und das als richtig und notwendig Erkannte zu tun.

Toleranz im Alltag

Auch was die Weltoffenheit angeht, war die Verfassung Bremens bereits 1947 auf der Höhe unserer Zeit, wenn es am Ende heißt, dass die Erziehung zur Teilnahme am kulturellen Leben des eigenen und fremder Völker befähigen solle (Art. 26 Nr. 1–4 BremVerf). Auch das Toleranzgebot wird eigens erwähnt. In allen Schulen, so steht es in der Verfassung, herrscht der Grundsatz der Duldsamkeit. An die große Zahl der zugewanderten Menschen haben die Autoren der Verfassung damals allerdings noch nicht gedacht. Aber Bremer Bürgerinnen und Bürger handeln durchaus im Geiste ihrer Verfassung, wenn sie den interkulturellen Dialog – wie es heute so schön heißt – bereits in der eigenen Stadt, im eigenen Land pflegen.

Die Tugend der Toleranz büßt bei unseren Jugendlichen mehr und mehr ihre orientierende Kraft ein. Laut der jüngsten (15.) Shell-Jugendstudie 2006 ist die Bereitschaft der Jugendlichen zur Toleranz gegenüber der Vielfalt sozialer und kultureller Verschiedenheit gesunken. Auch lehnen sie überwiegend (knapp 60 %) einen weiteren Zuzug von Migranten ab. In dieser Fremdenfeindlichkeit und den Vorurteilen gegenüber sozialen Minderheiten offenbaren sich Engstirnigkeit und die Unfähigkeit, sich in andere hineinzuversetzen.

Das Prinzip der Toleranz verdanken wir nicht erst der Moderne. Doch die häufige Begegnung mit Fremden innerhalb und außerhalb unserer Staatsgrenzen verschafft der Fähigkeit zur Einfühlung in eine andere Kultur wachsende Bedeutung. Fremdenfeindlichkeit ist ein Zeichen misslungener Bildung. Die Fähigkeit zur Empathie ist daher in Anbetracht der in die Millionen gehenden Zahl von mit uns lebenden Ausländern und Muslimen eines der vorrangigsten Bildungsziele. Der aufgeklärte oder aufklärungswillige Mensch bedarf des anderen, um sich seiner selbst zu vergewissern. Getreu dem Goethe-Wort:

»Vergleiche dich!
Erkenne, was du bist!« (Tasso)

Denn »inwendig«, so treffend Antonio im »Torquato Tasso«,
»lernt kein Mensch sein Innerstes
Erkennen; denn er misst nach eigenem Maß
Sich bald zu klein und leider oft zu groß.
Der Mensch erkennt sich nur im Menschen, nur
Das Leben lehret jedem, was er sei«.

Die wünschenswerte Nachbarschaft des Geistes in Europa, die einen Wettstreit der Kulturen nicht aus-, sondern gerade einschließt, kann nur gelingen, wenn wir aufgeschlossen für das Fremde sind. Statt uns auf die Suche nach einer europäischen Identität zu begeben, sollten wir uns auf gemeinsame Bildungsziele verständigen. Wissbegier, die Lust, sich auf die Welt einzulassen, wie Empathie für Menschen fremder Kulturen – all das sind Eigenschaften, die eine Vielfalt in der Einheit zu gewährleisten vermögen. Nur derjenige wird Brücken zwischen den verschiedenen Kulturen und Religionen bauen können, der die Fähigkeit entwickelt, die Welt mit den Augen anderer zu sehen!

Dieser Text gibt im Wesentlichen die Festrede wieder, die Prof. Dr. Jutta Limbach anlässlich des 60. Jahrestages der Landesverfassung der Freien Hansestadt Bremen am 21. Oktober 2007 im Haus der Bürgerschaft vortrug. Frau Prof. Limbach, von 1994 bis 2002 Präsidentin des Bundesverfassungsgerichts, war zum Zeitpunkt ihres Vortrags im Bremer Parlament Präsidentin des Goethe-Instituts.

Prof. Dr. Dieterich

Tarifautonomie: Altes Modell – neue Realität

I. Probleme und Konflikte

Die Tarifautonomie, mein heutiges Thema, war jahrzehntelang ein befriedetes Rechtsgebiet. Nach den bitteren Konflikten von Kapital und Arbeit im 19. Jahrhundert und abgeschwächt auch noch in der Zeit der Weimarer Republik schienen nach 1945 alte klassenkämpferische Rituale erledigt zu sein. Dass die Arbeitsbedingungen der abhängig Beschäftigten grundsätzlich und weitgehend durch Tarifverträge geregelt werden, dass der Staat nur eine gesetzliche Rahmenordnung zur Verfügung stellen muss, das entsprach allgemeiner Auffassung und erwies sich außerdem für alle Beteiligten als Erfolgsgeschichte. Die westdeutsche Wirtschaft erlebte erst einen märchenhaften Aufstieg und überstand danach verschiedene regionale und branchenspezifische Strukturveränderungen ohne allzu störende soziale Unruhen. Die Zahl der streikbedingten Ausfalltage wurde in Europa nur durch die Schweiz unterboten. Dabei störte wenig, dass das Tarifrecht ganz dürftig und das Arbeitskampfrecht überhaupt nicht gesetzlich geregelt ist. Zwar führte das zu vielen rechtlichen Zweifelsfragen, aber diese konnten durch das Bundesarbeitsgericht (BAG) mit gesetzesvertretendem Richterrecht ausreichend geklärt werden; die beteiligten Koalitionen waren allerdings selbst daran interessiert, Konflikte nicht eskalieren zu lassen.

Dieses harmonische Bild hat sich im Laufe der letzten zehn bis 15 Jahre gründlich verdüstert. Das ist inzwischen auch für oberflächliche Zeitungsleser unübersehbar geworden, jedenfalls wenn sie sich für den Wirtschaftsteil interessieren. Dort gehört die Klage über Störungen und Erstarrungen im Verhältnis der Koalitionen inzwischen zum regelmäßig wiederkehrenden Refrain. Dabei gilt als Zunftmerkmal des gestandenen Wirtschaftsredakteurs, den Gewerkschaften Rückständigkeit zu bescheinigen und ihre Tarifpolitik zu beklagen. Oft wird darüber hinaus das ganze Tarifsystem als marktwidriges Kartell abgelehnt. Alle Bemühung um Kompromisse gelten plötzlich als marktschädliche »Konsenssauce«. Die politischen Parteien sind hier zwar mit Ausnahme der FDP deutlich vorsichtiger, aber der »rheinische Kapitalismus« der alten Bundesrepublik gilt auch hier für viele als unzeitgemäß oder als unpraktikabel angesichts des globalen Wettbewerbs.

Für den Kenner der Materie, der die Erfolge des Tarifsystems kennt und zu schätzen weiß, klingt das zwar alles viel zu plakativ und undifferenziert, aber Krisensymptome sind auch für ihn unübersehbar. Das gilt zunächst für die kollektiven Verbandsstrukturen, in der Konsequenz aber auch für die tarifpolitischen Ergebnisse. Das zentrale Problem besteht hier in einem kontinuierlichen Mitgliederschwund sowohl bei den Gewerkschaften wie auch in den Arbeitgeberverbänden. Dem entsprechend nimmt der Anteil tarifgebundener Arbeitsverhältnisse ständig ab. Während noch 1996 in Westdeutschland 69 % und in Ostdeutschland 56 % der Beschäftigten durch Verbandsmitgliedschaft an einen Flächentarifvertrag gebunden waren, hat diese Quote inzwischen schon um ca. 15 % abgenommen. Obwohl die Tarifverträge noch immer über die gesetzliche Tarifbindung hinaus erhebliche Signal- und Sogwirkung für die betriebliche Vertragspraxis entfalten, sind inzwischen großräumig tariffreie Zonen entstanden, vor allem in den östlichen Bundesländern.

Die Koalitionen reagieren auf diese Entwicklung mit ganz unterschiedlichen Rezepten. Während die Arbeitgeberverbände gleichsam vorauseilend eine Mitgliedschaft ohne Tarifbindung einführen, um wenigstens Serviceleistungen anbieten zu können und den Kontakt zur Basis nicht ganz zu verlieren, versuchen die Gewerkschaften, ihre Organisations- und Kampfkraft durch Fusionen zu sichern. Eine Reihe kleinerer Gewerkschaften hat sich zu einer neuen Großgewerkschaft (ver.di) verbunden, und die schon vorhandenen Großgewerkschaften IG Metall, IG Chemie und IG Bau haben kleinere Gewerkschaften aufgenommen. Dadurch verstärkte sich aber ein anderes Problem, das eigentlich zu dem Mitgliederschwund beigetragen hatte. Es wird immer schwieriger, die sehr unterschiedlichen Bedürfnisse und stark divergierenden Interessen der Mitglieder in einheitlichen Tarifwerken angemessen und zu allseitiger Zufriedenheit zu regeln. Einige Arbeitnehmergruppen, die sich selbst als Leistungseliten verstehen, kamen zu der Überzeugung, mit eigenen Organisationen und selbständigen Tarifverträgen besser zu fahren. Piloten, Fluglotsen und Klinikärzte schafften das auch. Die Lokomotivführer kämpfen noch darum und treten ebenfalls in einen Überbietungswettbewerb mit den alten DGB-Gewerkschaften. Prompt wittern die Christlichen Gewerkschaften eine Chance, aus ihrem langjährigen Schattendasein herauszufinden. Indem sie den Arbeitgebern einen Unterbietungswettbewerb anbieten und Dumpinglöhne akzeptieren, werden sie trotz ihrer bescheidenen Mitgliederbasis als Vertragspartner höchst willkommen. Nun können also in ein und demselben Betrieb ganz unterschiedliche Sozialstandards tarifvertraglich vereinbart werden und nebeneinander zu beachten sein. Was soll dann noch als ortsüblicher Tariflohn gelten?

Eine noch einschneidendere Belastung für das System und dessen Steuerungskraft ist die zunehmende Tendenz zu unternehmensbezogener Tarifpolitik. Danach gilt als erstrebenswert, die Form klassischer Flächentarifverträge zu vermeiden. Diese werden entweder durch unternehmensspezifische Regelungsformen ersetzt oder wenigstens für betriebliche Ausnahmen geöffnet. Fast die Hälfte der registrierten Tarifverträge sind inzwischen Haustarifverträge. Und auch Branchentarifverträge lassen heute fast regelmäßig betriebliche Besonderheiten oder Durchbrechungen unter bestimmten Voraussetzungen zu. Der traditionelle Flächentarifvertrag ist zur Ausnahme geworden. Die Gewerkschaften hatten sich dieser Entwicklung ursprünglich mit aller Energie entgegengestemmt, weil betriebliche Sonderregelungen tarifpolitische Konzepte stören oder sogar verhindern konnten. Nach und nach haben sie dann aber die Möglichkeiten betriebsnaher Tarifpolitik erkannt und die damit verbundenen speziellen Steuerungsmöglichkeiten so weit als möglich aktiv genutzt. Schließlich haben sie den Spieß sogar gelegentlich umgedreht und bei Betriebsänderungen oder -verlagerungen unter dem heftigen Protest der Arbeitgeberseite tarifvertragliche Sozialpläne durch Streik erzwungen[1].

Alle diese Veränderungen führen zu bisher unbekannter Unübersichtlichkeit der Tariflandschaft. Daraus folgen einschneidende Probleme für alle Beteiligten. Von den Tarifvertragsparteien werden

---

1 Vgl. BAG 24.4.2007 NZA 2007, 987.

flexiblere und differenziertere Regelungsmodelle erwartet. Die Arbeitgeber müssen sich auf unterschiedliche Verhandlungsebenen und konkurrierende Verhandlungspartner einstellen, die ihre Ziele unter Umständen auch mit Streiks erkämpfen. Und für die Arbeitnehmer wird die tarifvertragliche Schutzdecke zunehmend kürzer und dünner. Am härtesten betroffen sind diejenigen Arbeitnehmergruppen, die schon früher am untersten Rand der Lohnskala eingruppiert worden waren. Starke Gewerkschaften konnten immerhin dafür sorgen, dass auch für diese Gruppe zumutbare Verdienstmöglichkeiten bestehen bleiben; allerdings mussten das die Leistungsträger gelegentlich mit einem Solidaritätsopfer im Rahmen der verhandelbaren Verteilungsmasse bezahlen. Das scheint jetzt nicht mehr problemlos erreichbar zu sein. Es gibt bereits Tarifverträge mit Stundenlöhnen, bei denen sich ernsthaft die Frage der Sittenwidrigkeit stellt.[2] Tarifliche »Hungerlöhne«, das ist neu. Noch schlechter steht es um das Lohnniveau in den tariffreien Zonen. Das ist eine Herausforderung für den Rechts- und Sozialstaat, also für Gesetzgebung und Rechtsprechung.

II. Die rechtliche Rahmenordnung

Spätestens an dieser Stelle stößt man auf zentrale Grundsatzfragen unserer Rechtsordnung. Ist das geltende Recht überhaupt in der Lage, die neuen Probleme befriedigend zu erfassen oder bedarf es dazu wesentlicher Änderungen und Ergänzungen? Soweit eine neue Justierung des kollektiven Regelungssystems unvermeidlich sein sollte: Kann die Rechtsprechung das allein bewältigen oder muss auch der Gesetzgeber tätig werden? Dabei stellt sich sowohl für die Rechtsprechung als auch für den Gesetzgeber die weitere Frage nach den verfassungsrechtlichen Grenzen. Inwieweit muss sich der Staat aus dem freien Spiel der Kräfte und auch aus kollektiven Konflikten heraushalten?

1. Rechtsgrundlagen

Die aktuelle Rechtslage wird der unbefangene Rechtsgenosse natürlich zunächst im Tarifvertragsgesetz suchen. Das hat ja die Aufgabe, die Tarifautonomie für die Praxis handhabbar zu machen. Aber verwundert und frustriert wird er dort nichts finden, was ihm bei den beschriebenen Problemen weiterhilft. Das Gesetz regelt kaum mehr als den allgemeinen Grundsatz, dass Gewerkschaften mit Arbeitgeberverbänden und einzelnen Arbeitgebern die verschiedensten denkbaren Vertragsmaterien als Mindestbedingungen zwingend regeln können. Die Erklärung für diese karge Gesetzgebungstechnik ergibt sich aus der Geschichte. Das Konzept, die Interessengegensätze und Konflikte des Arbeitslebens durch kollektivvertragliche Kompromisse zu befrieden, ist ja keine Erfindung des Gesetzgebers. Es ist von den sozialen Kontrahenten in der zweiten Hälfte des 19. Jahrhunderts nach bitteren Arbeitskämpfen schrittweise entwickelt worden, und zwar in allen westlichen Industriestaaten. Diese haben das Modell zunächst nur widerwillig respektiert, aber später als effektives und staatsentlastendes Verfahren in ihre Rechtsordnungen übernommen. In der Zeit des Nationalsozialismus wurde es natürlich abgeschafft, zusammen mit den

---

2 Vgl. BAG 24.3.2004 AP Nr. 59 zu § 138 BGB; *Otto* FS-Konzen, 2006, S. 663, 675 ff.

Gewerkschaften und Arbeitgeberverbänden. Aber schon vor Entstehen der Bundesrepublik wurde es im vereinigten Wirtschaftsgebiet durch das Tarifvertragsgesetz wieder eingeführt. Es ging dabei zunächst vor allem um das Prinzip, die Details setzte man einfach voraus.[3]

Mit umso größerer Erwartung greift man danach zum Grundgesetz, das ja den normativen Bauplan der neuen Bundesrepublik darstellt. Die Tarifautonomie wird darin nach völlig einhelliger Auffassung durch Art. 9 Abs. III GG gewährleistet. Aber auch die Väter und Mütter des Grundgesetzes glaubten, die Rechtsfigur der Tarifautonomie als gefestigt und bekannt voraussetzen zu können. Das Tarifvertragsgesetz war ja schon in Kraft. So begnügten sie sich also damit, die Freiheit zu gewährleisten, Koalitionen zu bilden bzw. sich ihnen anzuschließen. Dass damit notwendigerweise das gesamte Konzept, dem die individuelle Koalitionsfreiheit dient, ebenfalls als geschützt gelten muss, erschien ihnen offenbar als so selbstverständlich, dass es gar nicht besonders erwähnt werden musste. So sucht man Hinweise zu den Grundlagen und Funktionsbedingungen der Tarifautonomie vergeblich.

Das so lückenhafte Normengerüst war und ist eine enorme Herausforderung für die Rechtsprechung. Der Interessengegensatz von Kapital und Arbeit besteht ja unvermindert, und naturgemäß sehen Gewerkschaften und Arbeitgeber ihre Rolle und Rechte durchaus unterschiedlich. So ergeben sich zwischen ihnen zwangsläufig Konflikte und zahllose Rechtsfragen sind die unvermeidliche Folge. Sie zu beantworten ist in erster Linie Sache der Arbeitsgerichte. Da diese aber ständig die verfassungsrechtliche Garantie der Tarifautonomie zu beachten und dabei zwangsläufig ergänzend auszulegen haben, ist auch das Bundesverfassungsgericht immer beteiligt (mittelbar oder unmittelbar), wenn gegen Entscheidungen des BAG Verfassungsbeschwerde eingelegt wird. So ist im Laufe der Zeit und im Zusammenwirken der beiden Gerichte eine recht feinmaschige Kasuistik entstanden, die eine Fülle von Detailproblemen betrifft.

Das klingt nun harmloser, als es ist. Wie verwandelt man das schiere Schweigen des Gesetzgebers in Rechtsprechung? BAG und Bundesverfassungsgericht haben sich hier der gleichen ungewöhnlichen Methode bedient. Da sowohl das Tarifvertragsgesetz wie auch Art. 9 III GG an eine historische Entwicklung anknüpfen und dabei stillschweigend auf die entsprechende Praxis verweisen, wird dieser Erfahrungsschatz rechtlich analysiert und auf seine Grundprinzipien zurückgeführt. Als rechtliche Rahmenordnung haben danach die Funktionsbedingungen kollektiver Privatautonomie zu gelten. Auf dieser Grundlage musste das BAG vor allem ein Arbeitskampfrecht entwickeln[4]. Darüber hinaus waren Richtlinien für die kollektiven Organisationsstrukturen zu erarbeiten. Z.B. kann sich nach dieser Rechtsprechung nicht jede beliebige Arbeitnehmervereinigung schon als Gewerkschaft bezeichnen und Tarifverträge schließen; vielmehr ist dafür ein Mindestmaß an Organisationsstabilität und Durchsetzungskraft erforderlich.

Am schwierigsten war von jeher die Frage nach den Grenzen der Tarifautonomie: Welche Themen gehören zum »Hausgut« der Koalitionen und wo haben diese auf der anderen Seite kein Mandat? Bei

---

3 Einzelne Neuschöpfungen wie z.B. die AVE und die Gemeinsamen Einrichtungen können hier vernachlässigt werden.
4 Auf den Gesetzgeber konnte und musste es nicht warten (BVerfGE 84, 212, 262 f.)

solchen Fragen stößt die erfahrungsgestützte und modellhafte Methode der Rechtsprechung an ihre Leistungsgrenzen. Hier geht es nämlich nicht um die Funktionsbedingungen, sondern um die Legitimationsgrundlage der Tarifautonomie sowie um deren Verhältnis zu abweichenden Grundrechtspositionen. Ich komme darauf zurück.

2. Dynamik des Systems

Die Stärke der richterrechtlichen Methode besteht in ihrer Praxisbezogenheit. Sie orientiert sich vor allem an Verhaltensmustern und Ergebnisprognosen und legt diese in der Begründung auch offen. Das macht den Betroffenen eine rationale Kontrolle möglich, zwingt allerdings das Gericht im Falle der Falsifizierung zu einer systemkonformen Korrektur. Beides trägt zur Transparenz und Akzeptanz der Rechtsprechung bei und ist daher durchaus erwünscht.[5] Diese Praxisnähe wird aber zum Problem, wenn sich die Verhältnisse des Arbeitslebens und insbesondere der kollektiven Beziehungen grundlegend ändern und die praktischen Konsequenzen unklar sind. In einer solchen Lage befinden wir uns zur Zeit.

Der globale Wettbewerb hat die Situation der meisten Unternehmen wesentlich verändert. Das zwingt beide Seiten dazu, ihre tarifpolitischen Konzepte radikal zu überdenken. Für die Unternehmen verliert der traditionelle Flächentarifvertrag mit seiner Kartellfunktion erheblich an Attraktivität. Der globale Wettbewerb hält sich ja nicht an regionale Grenzen und Branchenmerkmale. Das hat zur Folge, dass die Kostenbelastungen eines Flächentarifvertrages sich als Wettbewerbsnachteil auswirken können. Große Unterschiede der Marktsituation sperren sich vielfach gegen einheitliche Regelungen aller Verbandsmitglieder. Außerdem erzwingen schnelle Wechsel der Rahmenbedingungen kurzfristige Reaktionen der Unternehmen. Die Folge ist daher ein wachsendes Bedürfnis nach Dezentralisierung und Flexibilität auf Seiten der Arbeitgeber.

Auch für die Gewerkschaften sind die Voraussetzungen effektiver Koalitions- und Tarifpolitik wegen der veränderten Großwetterlage schwieriger geworden. Die neuen Unternehmensstrategien der Ausgliederung und der Verlagerung ganzer Betriebe oder Unternehmen haben Schutzbedürfnisse für die Belegschaften entstehen lassen, denen mit einer rein statischen Betrachtungsweise nicht beizukommen ist. Es genügt nicht mehr, lediglich soziale Standards festzuschreiben und die unternehmerischen Planungen dabei zu vernachlässigen. Schon auf der Planungsebene entstehen die kollektiven Konflikte. Darüber hinaus haben sich auch die Erwartungen und Wertvorstellungen der Mitgliedschaft stark verändert. Eine verbindende und verbindliche Gewerkschaftsideologie gibt es kaum noch. Das Ideal einer übergreifenden Arbeitnehmersolidarität wird durch gruppenegoistisches Konkurrenzverhalten mehr und mehr verdrängt. Das Prinzip der Tarifeinheit, das die DGB-Gewerkschaften in ihren Satzungen verankert haben, gilt nicht mehr ausnahmslos. Auch die Gewerkschaften stehen jetzt unter Konkurrenzdruck. Sie sind also gezwungen, stärker zu differenzieren und gezielter zu

---

5 *Dieterich* in FS Herschel, 1982, S. 37, 43 ff.

reagieren. Oft müssen sie schon als Erfolg verbuchen, dass sie lediglich drastische Verschlechterungen verhindern konnten. Offensive Mitgliederwerbung wird dadurch äußerst erschwert.

Kurz und gut: Die Tarifautonomie kann unter den Bedingungen des globalen Wettbewerbs nicht nach den gleichen Regeln funktionieren wie in der guten alten Zeit des »rheinischen Kapitalismus«. Und all die Komplikationen und Probleme, die ich am Beginn beschrieben habe, erweisen sich als Anpassungsprozesse an die veränderte Lage. Auf das Bedürfnis nach Flexibilität und Differenziertheit reagiert das privatautonome Tarifsystem mit Firmentarifverträgen und tariflichen Öffnungsklauseln. Die schwächelnde Bindungskraft der Koalitionen ist die natürliche Ursache für OT-Mitgliedschaften und Spezialgewerkschaften. Und auch die neuen Sozialplantarifverträge erklären sich zwanglos als Reaktion auf neue Unternehmensstrategien.

Das System reagiert also erstaunlich dynamisch. Man kann das durchaus positiv werten. Dennoch erschallen laute Rufe nach dem Gesetzgeber, und zwar sowohl aus dem Arbeitgeberlager wie auch von der Seite der Gewerkschaften. Hier stellt sich aber wieder die verfassungsrechtliche Frage. Da die Tarifautonomie staatsfern konzipiert und grundrechtlich gewährleistet ist, kann der Staat nicht nach Gutdünken intervenieren. Vielmehr müssen Rechtsprechung und Gesetzgeber die Verfassungsgarantie der Koalitionsfreiheit respektieren.

3. Ausgestaltung und Einschränkung

Wenn der Gesetzgeber die Voraussetzungen oder Abläufe des kollektiven Vertragsmechanismus korrigieren will, bieten sich ihm zwei Möglichkeiten, die nach der Rechtsprechung des Bundesverfassungsgerichts an unterschiedlich strenge Voraussetzungen gebunden sind: Ausgestaltung und Einschränkung. Von Ausgestaltung kann nur dann gesprochen werden, wenn der Zweck der Regelung allein dazu dient, die Tarifautonomie funktionsfähig zu machen und in die verfassungsrechtliche Ordnung einzubetten.[6] Diese Aufgabe hat der Gesetzgeber bisher fast vollständig der Rechtsprechung überlassen, wie ich schon dargelegt habe. Das gesamte richterrechtliche Koalitions- und Arbeitskampfrecht bedeutet nichts anderes als Ausgestaltung der Tarifautonomie. Zur Ausgestaltung gehört auch die Aufgabe, das Regelwerk der Tarifautonomie veränderten Verhältnissen anzupassen.[7] Auch das ist bisher in erster Linie Sache des BAG, vor allem dann, wenn nur eine Änderung seiner eigenen Rechtsprechung erforderlich ist. Aber insoweit kann natürlich immer auch der Gesetzgeber korrigierend eingreifen.

Soll hingegen der Handlungsspielraum der Tarifvertragsparteien eingeschränkt werden, z.B. weil die Verhandlungsergebnisse für unakzeptabel gehalten werden, so ist der Begründungsaufwand sehr viel größer. Grundsätzlich geht die Verfassung davon aus, dass die Koalitionen auf Grund ihrer Sachnähe und der wechselseitigen Kontrolle die Probleme und Konflikte des Arbeitslebens am besten beurteilen können und deshalb autonom regeln sollten. Aber der Sozialstaat behält dennoch seine subsidiä-

---

6 Eingehend *Maschmann*, Tarifautonomie im Zugriff des Gesetzgebers, 2007, S. 18 ff.
7 BVerfGE 50, 290, 369.

re Letztverantwortung. Er kann daher eingreifen, wenn ihm dies zum Schutze von Gemeinwohlbelangen mit Verfassungsrang erforderlich erscheint und wenn er dabei den Grundsatz der Verhältnismäßigkeit beachtet. Unter Umständen ist ein solches Eingreifen sogar grundrechtlich geboten. Das ist dann anzunehmen, wenn die Tarifvertragsparteien ihren Mitgliedern nicht einmal den Mindestschutz bieten können, der im Sozialstaat als unverzichtbar gilt. Auch die Berufsfreiheit ist nämlich grundrechtlich gewährleistet und darf deshalb nicht zum Spielball sozialer Mächte werden. Wenn diese Gefahr droht, trifft den Staat eine Schutzpflicht[8].

III. Reformdiskussion
Lassen Sie uns nun auf dieser Grundlage einige aktuelle Reformvorschläge etwas unter die Lupe nehmen.

1. Bündnisse für Arbeit
Die ältesten und brisantesten Vorschläge gehen weit hinaus über die vielen Möglichkeiten betriebsnaher Tarifpolitik, die das geltende Recht bietet und von der Praxis genutzt werden. Sie wollen erreichen, dass die Unternehmen auch ohne Mitwirkung der zuständigen Koalitionen von den für sie maßgebenden Tarifverträgen abweichen dürfen, wenn sie deren Vorgaben wegen der Kostenbelastungen für unerträglich halten. Im wissenschaftlichen Schrifttum wurde sogar die Auffassung vertreten, dazu bedürfe es gar keines Gesetzes. Das BAG müsse lediglich bei der Anwendung des Günstigkeitsprinzips einen anderen Vergleichsmaßstab zulassen. Die Unternehmen seien ja ohnehin nicht gehindert, ihre Kostenbelastung durch Stellenabbau oder Betriebsstilllegungen zu mindern und das sei doch für die betroffenen Arbeitnehmer viel ungünstiger als eine Lohnkürzung oder Arbeitszeitverlängerung. Wenn also ein Verzicht auf tarifliche Rechte den bedrohten Arbeitsplatz retten könne, müsse das möglich sein; die Zustimmung der Tarifvertragsparteien dürfe keine Rolle spielen.[9]

Das klingt in der Tat handfest und praxisnah bis zur Grenze des Zynismus. Die tarifrechtliche Gesetzeslage wird aber grundlegend verkannt. Das Prinzip der zwingenden Wirkung des Tarifvertrages und die Maßstäbe eines Günstigkeitsvergleichs werden verwechselt. Das Günstigkeitsprinzip erhält dadurch eine systemwidrige, ja sogar systemsprengende Bedeutung. Der Sinn dieses Prinzips besteht allein darin, den einzelnen Arbeitnehmer von kollektiven Zwängen freizustellen, soweit er auf kollektivrechtlichen Schutz nicht angewiesen ist. Wer bessere Arbeitsbedingungen für sich aushandeln kann als seine Gewerkschaft für den Normalarbeitnehmer, darf nicht zurückgepfiffen werden – etwa um der Solidarität willen oder um tarifpolitische Konzepte nicht zu stören. Die zwingende Wirkung des Tarifvertrages als Auffangnetz wird dadurch aber nicht infrage gestellt. Sie ist sogar die konzeptionelle Voraussetzung des Günstigkeitsprinzips. Bei Verhandlungen über Arbeitsverträge sollen die tariflichen Standards stets die Basis bilden. Das gilt natürlich nicht nur für die Einstellung,

---
8 Nachweise in ErfK/*Dieterich* GG Einl. Rn.33 ff.
9 *Adomeit*, NJW 1984, 26; *Buchner* NZA, 1999, 897, 907; *Hromadka* DB 2003, 42, 43.

sondern ebenso für jede spätere Vertragsänderung. Wenn diese Basis durch vertragliche Einheitsregelungen beiseitegeschoben werden könnte (und sei es auch nur mit dem Segen des Betriebsrates), würde aus dem Günstigkeitsprinzip ein Ablösungsprinzip. Das ist nach geltendem Recht nicht möglich.[10]

Diese Erkenntnis hat zum Ruf nach dem Gesetzgeber geführt. Der Vorrang der Tarifverträge vor betrieblichen Regelungen soll generell beseitigt werden. Es geht darum, die zwingende Wirkung der Tarifverträge prinzipiell und ausdrücklich einzuschränken. Darauf zielten Gesetzesinitiativen von CDU und FDP während der letzten Legislaturperiode.[11]

Aber auch dieser Weg kann nach meiner Überzeugung nicht zum gewünschten Ziel führen. Er muss an Vorgaben der Verfassung scheitern. Die vorgeschlagene Regelung verstieße gegen Art. 9 III GG. Ein funktionsfähiges Tarifsystem setzt nämlich voraus, dass seine Regelungen unmittelbar und zwingend wirken. Nur so kann es seine Schutzfunktion entfalten. Das hat das Bundesverfassungsgericht schon früh erkannt.[12] Die zwingende Wirkung steht aber zur Disposition, wenn ohne Mitwirkung der Tarifvertragsparteien von Fall zu Fall entschieden werden könnte, ob die Einhaltung der Tarifstandards aus der partikulären Interessenlage eines einzelnen Unternehmens akzeptabel ist oder nicht doch besser vermieden werden sollte. Tarifverträge würden zum schwächsten Gestaltungsmittel[13]. Die Tarifvertragsparteien hätten praktisch nur noch die Aufgabe, Richtlinien zu entwickeln. Auf deren Beachtung könnte sich niemand mehr verlassen.

Tarifpolitisch und organisationspolitisch hätte eine solche Abwertung der Tarifautonomie zerstörerische Vorwirkungen – zunächst für die Tarifverhandlungen, letztlich aber für die Koalitionsfreiheit insgesamt. Der ganze Aufwand tarifpolitischer Konzeptionen und Verhandlungen hätte kaum noch Sinn. Auch alle schon entwickelten Flexibilisierungsmodelle liefen dann leer und verlören ihre differenzierende Steuerungsfunktion. Die Arbeitgeberverbände könnten immerhin auf OT-Mitgliedschaften verzichten. Den Gewerkschaften hingegen würde die Möglichkeit genommen, auf die Arbeits- und Wirtschaftsbedingungen maßgebenden Einfluss zu nehmen, und sei es auch nur im Zusammenwirken mit den Betriebspartnern. Auf der Betriebsebene müssten sie zudem mit einer gestärkten, aber beitragsfreien Zwangsrepräsentation – dem Betriebsrat – konkurrieren. All das hätte mit der Koalitionsfreiheit, die Art. 9 III GG gewährleisten will, kaum noch Ähnlichkeit.

Im Augenblick hat der Reformvorschlag aus rein politischen Gründen keine Chance, weil dafür im derzeitigen Bundestag schlicht die Mehrheit fehlt. Aber im politischen Diskurs dient er nach wie vor zur politischen Standortbestimmung und als Drohpotenzial. Er bleibt als Streitobjekt auf der Agenda.

---

10 *Dieterich/Hanau/Henssler/Oetker/Wank/Wiedemann* RdA 2004, 65, 69 f.
11 BT-Drucks. 14/6548 und 15/1182.
12 BVerfG 24.7.1977 E 44, 322, 340f = AP Nr. 15 zu § % TVG unter BIII 1b)aa. Ebenso die herrschende Lehre, vgl. *Gamillscheg*, Kollektives Arbeitsrecht Bd. I § /II 1 b; *Sachs/Höfling* GG Art. 9 Rn. 90; ErfK/*Dieterich* GG Art. 9 Rn. 59 mwN.
13 *Hanau* RdA 1993, 1,6.

2. Mindestlohn

Dieses Schicksal könnte auch dem dringlichsten Reformanliegen der SPD drohen, nämlich der gesetzlichen Absicherung eines Mindestlohnes. Eigentlich erwartet die Verfassung von den Tarifvertragsparteien, dass sie dieses Problem lösen und Armutslöhne generell ausschließen können. Sie sollen ja die strukturelle Verhandlungsschwäche der Arbeitnehmer beim Aushandeln der Löhne mit ihren kollektivautonomen Instrumenten ausgleichen. Aber das ist nicht mehr überall gewährleistet. Zum einen sind geräumige kollektivfreie Zonen entstanden, zum anderen ist die Kampfkraft und Durchsetzungsstärke der Gewerkschaft in manchen Gebieten und Branchen erstaunlich gering. Nur so lässt sich erklären, dass tarifvertragliche Armutslöhne zwischen fünf und sechs Euro vereinbart wurden, z.B. für Floristen und Friseure sowie für die Zeitarbeit. Dort, wo überhaupt keine Tarifverträge gelten, ist die Vertragspraxis noch viel düsterer. Das kann und darf ein Sozialstaat nicht einfach ignorieren.

Die heftige Diskussion, die sich an diesem Problem entzündet hat, ist daher sehr verständlich. Zwei Konzepte werden diskutiert; sie unterscheiden sich nach ihren Wert- und Zielvorstellungen grundlegend; deshalb lassen sich auch ihre Voraussetzungen und Wirkungen nur schwer vergleichen. Das eine Konzept erstrebt einen generellen gesetzlichen Mindeststundensatz, der für alle Branchen im gesamten Bundesgebiet zu beachten ist. Das andere Konzept wünscht »tarifgestützte Mindestlöhne«, bei denen der Staat an die Verhandlungsergebnisse der Tarifvertragsparteien anknüpft und lediglich deren Verbreitung und Durchschlagskraft in die tariffreien Zonen erstreckt.

a) Die gesetzliche Festsetzung eines generellen Mindeststundenlohnes ist offensichtlich die radikalere Lösung. Ihr Leitbild ist nicht die ausgleichende Vertragsgerechtigkeit. Für die Umstände und Bedingungen einzelner Arbeitsleistungen und für deren Wert auf dem Arbeitsmarkt interessiert sie sich gar nicht. Ihre erkenntnisleitende Sorge ist der gesellschaftliche Zusammenhalt, ihr Wertmaßstab ist die Menschenwürde, oder genauer die Würde der Arbeit. Vollzeitarbeit soll im Prinzip zu einem Lebensstandard führen, der die Teilhabe am gesellschaftlichen Leben wenigstens auf dem untersten Niveau ermöglichen kann. Arbeitsmarktpolitisch ausgedrückt: Arbeitgeber sollen keine Arbeitsplätze anbieten, die für sie weniger wert sind als der gesetzliche Mindeststundenlohn, es sei denn, es ginge um Arbeitsplätze für Personen einer Risikogruppe, für die staatliche Ausgleichszahlungen zur Verfügung stehen. Oder wirtschaftspolitisch gewendet: Unternehmen, die nur auf der Basis von Hungerlöhnen konkurrenzfähig sind, sollen ausscheiden.

Die Steuerungsfunktion dieses Konzepts zeigt eines ganz klar: Seine Wirkung hängt ausschließlich von der Höhe des festgesetzten Stundensatzes und den verfügbaren Ausgleichszahlungen ab. Sind die Kosten für die Unternehmen zu hoch, fallen die entsprechenden Arbeitsplätze weg, ist das erzielbare Einkommen zu gering, wird das Elend der betroffenen Arbeitnehmer nur fortgeschrieben. Dieses offensichtliche Quantifizierungsproblem scheinen aber unsere europäischen Nachbarn für durchaus lösbar zu halten. Überall sind gesetzliche Mindeststundenlöhne vorgesehen, allerdings mit riesigen Bandbreiten (z.B. Polen 1,43 €; Luxemburg 9,08 €). Der DGB hält 7,50 € für angemessen, das ist immerhin erheblich weniger, als Frankreich und Großbritannien vorschreiben (8,44 und 8,20 €). Dort sieht man keine negativen Arbeitsmarktprobleme.

Das Konzept der tarifgestützten Mindestlöhne orientiert sich an einem anderen Wertmaßstab. Es will keine gesellschaftspolitischen Demarkationslinien ziehen, sondern für faire Vertragsbedingungen sorgen, also für Vertragsgerechtigkeit. Diese Aufgabe entspricht nun aber haargenau der Funktion und auch dem Selbstverständnis der Koalitionen. Die Lösung kann hier nicht völlig von der Art der Tätigkeit und den branchenbezogenen Wettbewerbsbedingungen absehen. Es liegt also auf der Hand, dass unterschiedliche Mindestlöhne festgesetzt werden müssen, und dass der kollektive Vertragsmechanismus dafür ein sachgerechtes Verfahren anbietet. Legislatorische Instrumente für ein tarifgestütztes Modell gibt es bereits. In Betracht kommen entweder die Allgemeinverbindlicherklärung nach § 5 TVG oder eine Rechtsverordnung nach dem Arbeitnehmerentsendegesetz. Beide Regelungen müssten allerdings erweitert werden, weil sie bisher nur für eng begrenzte Aufgaben vorgesehen sind. Aber ihr zweistufiges Verfahren wäre zu übernehmen. In einem ersten Schritt müssten die für ein Fachgebiet zuständigen Koalitionen aushandeln, welchen Mindestlohn sie hier für angemessen halten und für ihre Mitgliedschaft zwingend vorschreiben wollen. Diese Regelung könnte dann der Staat in einem zweiten Schritt auf der Grundlage seiner demokratischen Legitimation durch Rechtsverordnung auf die tariflichen Außenseiter erstrecken.

Das ist also die Theorie. Aber wenn man genauer hinsieht, zeigen sich bei beiden Konzepten einige Schönheitsfehler. Außerdem geraten verfassungsrechtliche Probleme in das Blickfeld. Das muss ich kurz erläutern.

b) Bei der Festsetzung eines generellen Mindeststundenlohnes stellt sich zunächst das zentrale Problem der Lohnhöhe: Welcher Stundensatz kann über alle Unterschiede der Branchen und ihrer Wettbewerbssituationen hinweg sowohl angemessen Schutz bieten als auch negative Effekte auf dem Arbeitsmarkt vermeiden? Dabei ist zu bedenken, dass immer nur arbeitsvertragliche Stundensätze erfasst werden; die Einkommensverhältnisse der Selbständigen bleiben dem freien Spiel der Marktkräfte überlassen. Wenn die Friseurin ihre Kunden auf eigene Rechnung zu Hause frisiert, interessiert sich niemand für ihre Dumpingpreise und die damit verbundene Selbstausbeutung. Das alte Problem der »Scheinselbständigkeit« würde damit neu belebt werden. Immerhin würde der Mindeststundensatz eine wirtschafts- und sozialpolitische Signalfunktion übernehmen. Es gehört daher nicht viel Fantasie dazu, sich heillose Debatten im politischen Raum vorzustellen.

Auch die verfassungsrechtliche Problematik konzentriert sich bei diesem Konzept ganz auf die Frage der Stundensätze. Denn niemand wird bestreiten wollen, dass der Sozialstaat im Prinzip den Zusammenhalt der Gesellschaft wahren muss und Hungerlöhne deshalb Anlass zu Besorgnissen sind. An einem Gemeinwohlbedarf für die gesetzgeberische Intervention würde es also nicht fehlen. Aber wie steht es um die Verhältnismäßigkeit? Je höher der Stundensatz festgesetzt wird, desto weniger Spielraum bleibt der arbeitsvertraglichen und tarifvertraglichen Gestaltung. Aber auch sehr niedrige Stundensätze greifen wegen ihrer Signalwirkung in den kollektiven Vertragsmechanismus ein, nämlich zu Lasten der Gewerkschaften. Schließlich ist auch der allgemeine Gleichheitsgrundsatz des Art. 3 GG tangiert. Dieser verlangt nämlich keineswegs, dass alles möglichst gleich behandelt werden sollte; vielmehr muss Ungleiches entsprechend seiner Unterschiede differenzierend geregelt werden.

Wenn sich der Gesetzgeber also am allgemeinen Lohnniveau und dem Lebensstandard in Deutschland orientieren soll, hat er ein Problem. Da gibt es nämlich große Unterschiede.

c) Genau hier liegt der Charme der anderen Konzeption, die sich an bestehenden Tarifverträgen orientieren soll. Differenzen des Lohnniveaus werden ja auf diese Weise von vornherein berücksichtigt. Auch die Tarifautonomie ist natürlich viel weniger betroffen, wenn den zuständigen Koalitionen die maßgebende Entscheidung überlassen bleibt, ihre tarifpolitische Souveränität also im Kern nicht angetastet wird. Aber wenn das so einfach wäre und die Koalitionen tatsächlich eine souveräne Rolle spielen könnten, wäre die ganze Reform entbehrlich und der Staat müsste überhaupt nicht intervenieren. Die Schluchten und Wüsten der Tariflandschaft, die zu den gravierenden Schutzlücken geführt haben, genau die sind es auch, die dem Konzept tarifgestützter Mindestlöhne die größten Schwierigkeiten bereiten.

Das zeigt sich schon beim ersten Schritt eines solchen Verfahrens. Zwei ausreichend starke Koalitionen müssen einen solchen Mindestlohn für ihren Zuständigkeitsbereich wollen und den vertrackten Knoten des »Nicht-zu-viel-und-nicht-zu-wenig« durchhauen können – und zwar freiwillig. Denn kein Staat kann sie zwingen und keine Gewerkschaft kann dafür eine streikbereite Truppe zusammentrommeln. Nur: Alles das, was Arbeitgeber zur Flexibilisierung und Dezentralisierung drängt, lässt sie auch vor generellen Mindestlöhnen zurückzucken. Voraussetzung ist also, dass die sozialen Gegenspieler ein übereinstimmendes Interesse daran haben, in ihrem Einflussbereich tarifrechtliche Ordnung zu schaffen, zumindest am unteren Rand ihres Tarifsystems. Das ist typischerweise dann der Fall, wenn eine Konkurrenzgewerkschaft die heile Welt der Tarifeinheit aufgerissen und damit die Lohnkosten unkalkulierbar gemacht hat. Aber dann stellt sich sogleich eine Anschlussfrage: Welche der konkurrierenden Gewerkschaften ist dann für die Mindestlohnfestsetzung zuständig? Oder wenn divergierende Vereinbarungen zustande kommen: Welche von diesen ist für die staatliche Festsetzung maßgebend?

Gesetzgebung oder Rechtsprechung muss also für solche Konkurrenzsituationen irgendeine Kollisionsregel entwickeln. Das ist zwar keine unlösbare Aufgabe, prallt aber hart auf die Tarifautonomie. Denn jede Auswahl verdrängt eine der beiden konkurrierenden Gewerkschaften. Sie führt zur Wirkungslosigkeit ihres Abschlusses und macht sie in den Augen ihrer Mitgliedschaft zur »lahmen Ente«. Ihre kollektive Koalitionsfreiheit wird auf diese Weise erheblich beeinträchtigt. Für einen so intensiven Grundrechtseingriff können bloße Praktikabilitätserwägungen nicht ausreichen.

Das ist, wie Sie wissen, keine spitzfindige Problemklauberei. Es gibt bereits ganz aktuelle Konflikte in der Praxis. Das Arbeitnehmerentsendegesetz, das eine entsprechende Möglichkeit bisher nur für das Baugewerbe und für das Gebäudereinigerhandwerk bietet, soll auf weitere Branchen ausgedehnt werden. Zwei Unternehmensbereiche drängen sich dafür geradezu auf: Vorreiter war die Zeitarbeitsbranche. Dort gibt es zwei Arbeitgeberverbände, die als erste gemeinsam mit DGB-Gewerkschaften Mindestarbeitsbedingungen im Sinne von § 1 AEntG vereinbart haben. Das erklärte Ziel dieses Vertrages besteht darin, die Dumpinglöhne zu verhindern, die ein anderer Arbeitgeberverband mit Christlichen Gewerkschaften tariflich geregelt hat. Da liegt das Problem also schon auf dem Tisch: Lässt Art. 9 Abs. III GG überhaupt zu, dass gültige Tarifverträge in dieser Form aus dem Verkehr gezogen werden? Dazu ist eine ganze Serie von Gutachten publiziert worden.[14] Auch ich habe zu dieser Frage Stellung genommen und sie bejaht[15], allerdings nur im Hinblick auf Besonderheiten der Zeitarbeitsbranche und Fehlsteuerungen des AÜG.

Die zweite Problembranche ist der Briefdienst, der ja demnächst in den freien Wettbewerb entlassen werden soll. Obwohl die Tarifvertragsparteien hier erst später als die Zeitarbeitsverbände aktiv wurden, haben sie es bereits geschafft, ihre Branche in das Arbeitnehmerentsendegesetz zu bringen und ihren Mindestlohntarifvertrag für allgemein verbindlich erklären zu lassen. Das hat spezielle Gründe: Zum einen stand hinter dieser Initiative ein mächtiger und einflussreicher Arbeitgeber: die Deutsche Post, die sich durch Dumpinglohnkonkurrenz bedroht fühlte. Zum anderen sprach hier aber auch ein spezialgesetzliches Argument für das Eingreifen des Staates. Der Wettbewerb ist nämlich bei Postdienstleistungen keineswegs völlig frei. Die Unternehmen bedürfen hier einer besonderen Lizenz, die an Bedingungen gebunden ist. Eine dieser Bedingungen steht in der Sozialklausel des § 6 Abs. 3 Nr. 3 PostG. Die Lizenz ist danach zu versagen oder zu entziehen, wenn Wettbewerber die üblichen Arbeitsbedingungen wesentlich verschlechtern. Diese Vorschrift wurde aber von der Regulierungsbehörde bisher nie angewandt, weil praktikable Maßstäbe für die Prüfung »angemessener« Lohnstandards fehlten. Da erschienen tarifliche Mindestlöhne als notwendige Ergänzung. Sie wurden deshalb auch von der Regulierungsbehörde nachdrücklich begrüßt. Aber sie stoßen naturgemäß auf den erbitterten Widerstand derjenigen Unternehmen, die der Deutschen Post AG mit prekären Beschäftigungsverhältnissen und Armutslöhnen Marktanteile abjagen wollen. Auch sie berufen sich auf Verfassungsgrundsätze, allerdings wenig überzeugend (und für die heftige politische Auseinandersetzung auch bedeutungslos).

Die Einzelheiten der beiden Problemfelder mit ihrem unübersichtlichen Diskussionsstand kann ich Ihnen ersparen, sie würden den Rahmen dieses Vortrags sprengen. Meine Aufgabe besteht ja nur darin, Ihnen einen Überblick zu vermitteln über die Probleme der Praxis und die dadurch ausgelöste Reformdiskussion.

Resümee

Allerdings hoffe ich, dass meine eigene Sicht der Dinge erkennbar und verständlich geworden ist. Ich fasse sie deshalb als Resümee abschließend in drei Thesen zusammen:
1. Tarifautonomie hat als privatautonome Regelungsform der Arbeitsbedingungen in unserem wie in jedem freiheitlichen Rechtsstaat Vorrang vor staatlichen Regelungen.
2. Die aktuellen Schwierigkeiten in der Praxis der Tarifautonomie beruhen auf einem Anpassungsprozess; der globale Wettbewerb erzwingt neue Organisationsstrukturen und Regelungsformen.
3. Soweit dabei Schutzlücken entstehen, kann und muss der Staat eingreifen. Das gilt für den Gesetzgeber und auch für die Rechtsprechung. Beide haben dann darauf zu achten, dass die Tarifautonomie nicht unverhältnismäßig beeinträchtigt oder zurückgedrängt wird.

---

14 *Bieback/Dieterich/Hanau Kocher/Schäfer*, Tarifgestützte Mindestlöhne, 2007; *Thüsing/Lembke* ZfA 2007, 87 ff.
15 A.a.O. (vorstehende Fn.), S. 119 ff.

Klaus-Heiner Lehne[1]

Europäisches Vertragsrecht nimmt wichtige Hürde

I. Einleitung
Ende 2007 überreichten die von der Europäischen Kommission beauftragten Forschergruppen einen Entwurf des sog. Gemeinsamen Referenzrahmens oder Draft Common Frame of Reference (DCFR). Dieser Entwurf ist untergliedert in acht Bücher, deren Spannweite vom Allgemeinen Teil bis zur Ungerechtfertigten Bereicherung reicht. Die endgültige akademische Version des CFR, die Ende 2008 vorliegen soll, wird um zwei weitere Bücher zum Besonderen Vertragsrecht und zum Mobiliarsachenrecht ergänzt.

Mit dem DCFR sind die Bemühungen um eine Vereinheitlichung des europäischen Privatrechts keine rein akademische Angelegenheit mehr. Der Entwurf ist nunmehr Grundlage für künftig intensiv zu führende politische Diskussionen über die Zukunft des Europäischen Vertragsrechts. Dieses wichtigste Legislativvorhaben für die nächsten Jahre kann aber nur vor dem Hintergrund der historischen Entwicklungslinien bewertet werden.

II. Frühzeitige Positionierung des Europäischen Parlaments
Bereits im Jahr 1989 forderte das Europäische Parlament die Aufnahme der *Vorbereitungsarbeiten zur Ausarbeitung eines einheitlichen Europäischen Gesetzbuches für das Privatrecht*. Das Europäische Parlament erkannte schon zu diesem Zeitpunkt, dass die geeignetste Möglichkeit der Harmonisierung der für die Gemeinschaft relevanten privatrechtlichen Fragen in der Vereinheitlichung umfassender Bereiche des Privatrechts besteht. Daher forderten die Parlamentarier im Jahr 1994 die Kommission auch konkret auf, die Arbeiten an einem einheitlichen Europäischen Vertragsrecht in Angriff zu nehmen.

III. Erste Initiativen
Erste Initiativen auf europäischer Ebene konzentrierten sich freilich nicht auf die Arbeiten an einem Europäischen Zivilgesetzbuch, sondern mündeten vor allem in sektorale Richtlinien, die eine Minimalharmonisierung im Verbraucherschutzrecht anstrebten. Zwar favorisierten sowohl das Europäische Parlament wie auch die Kommission eine Maximalharmonisierung. Diese aber war gegen den Willen der Mitgliedstaaten vor 15 Jahre nicht durchzusetzen.

Über die Mindestharmonisierung ließen sich in der Vergangenheit allerdings keine einheitlichen Regelungen schaffen, da die Mitgliedstaaten bei der Umsetzung der Richtlinien in nationales Recht oftmals über die gemeinschaftsrechtlichen Vorgaben hinausgingen. Zudem führten die verschiede-

---
1 Klaus-Heiner Lehne MdEP, Partner der Kanzlei Taylor Wessing, Düsseldorf.

nen Richtlinien vielfach unterschiedliche Regelungen ein. So gelten in den verschiedenen Bereichen des gemeinschaftlichen Verbrauchervertragsrechts etwa unterschiedliche Widerrufsfristen, die dann auch noch in den Mitgliedstaaten unterschiedlich umgesetzt wurden. Diese mangelnde Kohärenz im Verbrauchervertragsrecht ist weder für Verbraucher noch für Anwälte und Richter durchschaubar. Auf diese sektorale und auf Rechtsangleichung gerichtete Herangehensweise musste die Kommission im Jahr 2007 daher auch zwangsläufig mit dem Grünbuch zu Überarbeitung des Verbraucher-Acquis folgen.

IV. Forcierung durch die Kommission

Sicherlich sind zentrale Bereiche des Verbrauchervertragsrechts in einem horizontalen Instrument zusammenzufassen. Hierüber hinausgehend aber bedarf es eines Europäischen Vertragrechts für den gesamten europäischen Rechtsverkehr. Daher forcierte die Europäische Kommission das Projekt zur Vereinheitlichung des Europäischen Vertragsrechts mit ihrem Aktionsplan für ein kohärentes Europäisches Vertragsrecht aus dem Jahr 2003, mit dem sie die Ausarbeitung des CFR vorschlug. Nach Ansicht der Kommission muss sich dieses Vertragsrecht auf zwei Säulen stützen: zum einen auf die den Vertragsrechten der Mitgliedstaaten gemeinsamen Grundsätze, zum anderen auf die im Gemeinschaftsrecht wurzelnden Grundsätze.

Mit der Aufbereitung dieser zwei Säulen des Europäischen Vertragsrechts wurden sodann zwei Forschergruppen beauftragt. Die erste Säule wird von der »Study Group on a European Civil Code« (Study Group) bearbeitet, die zweite von der »Research Group on Existing EC Private Law« (Acquis Group). Diese unterschiedliche Herangehensweise stellte die Wissenschaftler natürlich auch vor ein Problem: Für den DCFR galt es, die zwei erarbeiteten Entwürfe der Akademiker in ein Ganzes zu fassen. Ob und inwieweit dies gelungen ist, bedarf einer eingehenden Analyse in den nächsten Monaten.

V. Vorgetragene Kritik

Diese Arbeiten an einem Europäischen Zivilgesetzbuch sind freilich auch mit zwei Argumenten kritisiert worden:
1. Europa benötige kein einheitliches Zivilrecht, weil auch der Rechtsverkehr in den Vereinigten Staaten ohne ein entsprechendes Regelwerk auskäme. Ein Blick über den Atlantik ist zwar oftmals hilfreich, indes darf eines nicht übersehen werden: Das amerikanische System kann für Europa kein Vorbild sein.
2. Es drohe die Gefahr, dass das Europäische Zivilgesetzbuch ausschließlich an Verbrauchergesichtspunkten ausgerichtet werde. Diese vornehmlich von den Wirtschaftsverbänden vorgetragene Kritik kam auf, als sich die Arbeiten des CFR-Netzwerkes im Jahr 2006 auf das Verbrauchervertragsrecht konzentrierten. Dieses Netzwerk ist ein Zusammenschluss interessierter Kreise aus den Mitgliedstaaten (Anwälte, Richter, Wirtschaftsvertreter etc.), das der Kommission und den beauftragten Akademikern praktische Hinweise bei der Erarbeitung des CFR geben soll. In der Tat konzentrierte sich dieses Netzwerk im Vorfeld der Veröffentlichung des Grünbuches zur Überar-

beitung des Verbraucherbesitzstandes auf verbraucherrechtliche Fragen. An sich ist diese Konzentration auch nicht zu beanstanden. Nur muss sichergestellt werden, dass – wie in der Vergangenheit – die Netzwerksitzungen künftig wieder über Verbraucherfragen hinausgehen.

Auf entsprechende Forderungen des Europäischen Parlaments im Jahr 2007 reagierte die Kommission auch umgehend: Ende 2007 organisierte die DG Markt (DG: Directorate General) zwei Sitzungen, die sich ausschließlich dem Wirtschaftsverkehr widmeten (etwa Informationspflichten bei Finanzmarktinstrumenten). Im Jahr 2008 werden vier weitere Sitzungen von der DG Justiz und Inneres (JLS) abgehalten, die sich allgemeinen Fragen des Vertragsrechts widmen sollen. Die Ergebnisse dieser Sitzungen können also noch von den Akademikern in die finale Version des CFR aufgenommen werden.

Im Übrigen ist der Hinweis auf die einseitige Ausrichtung des CFR auch deshalb verfehlt, weil das Europäische Parlament wiederholt darauf hingewiesen hat, dass sich der CFR nicht auf ein reines Verbrauchervertragsrecht beschränken darf, sondern sowohl den Business-to-consumer(B2C)- wie auch den Business-to-business(B2B)-Bereich umfassen muss. Daher forderte das Europäische Parlament auch regelmäßig, dass der CFR vom Grundgedanken der Vertragsfreiheit geleitet sein muss – wie dies auch die Kommission in ihrem Aktionsplan aus dem Jahr 2003 postulierte. Der Kommission und den Akademikern ist somit klar, dass ein Verbrauchervertragsrechts-CFR mit dem Europäischen Parlament nicht zu machen ist.

Die Furcht vor einem reinen Verbrauchervertragsrecht resultiert zu einem gewissen Grad sicherlich auch aus der Tatsache, dass die DG SANCO, also die für Verbraucherschutz zuständige Generaldirektion, das Projekt federführend betreut. Das Europäische Parlament sprach sich zwar dafür aus, dass der CFR der DG JLS unterstellt wird, und dieser Generaldirektion vor allem ausreichende finanzielle und personelle Ressourcen zur Verfügung gestellt werden. Die Kommission folgte dieser Aufforderung freilich nicht. Die SG SANCO wird weiterhin die Federführung behalten und versuchen, die Arbeiten der verschiedenen Generaldirektionen effektiver als in der Vergangenheit zu koordinieren.

Im Jahr 2008 wird es daher eine zentrale Aufgabe der internen Arbeitsgruppe zum Europäischen Vertragsrecht des Europäischen Parlaments sein, die Effektivität dieser angekündigten Koordination zu überwachen und gegebenenfalls zu steuern. Originäre Aufgabe der Arbeitsgruppe ist freilich, über einen informellen Informationsaustausch mit Kommission und Rat aktiv an den Arbeiten am CFR beteiligt zu werden und zugleich politische Leitlinien bei der Entwicklung des Europäischen Vertragsrechts zu geben. In der Vergangenheit konnte die Arbeitsgruppe einen fruchtbaren Meinungsaustausch vor allem mit der Kommission erreichen.

VI. Zurückhaltung des Rates

Einer aktiven Beteiligung an den Arbeiten zum CFR hat sich der Rat bislang allerdings verschlossen. Daher forderte die Kommission in ihrem 2. Fortschrittsbericht zum Europäischen Vertragsrecht im Jahr 2007 die Mitgliedstaaten auch auf, eine eigenständige Position zum Europäischen Vertragsrecht einzunehmen. Unter deutscher Präsidentschaft wurde Mitte 2007 zwar ein Fragepapier erarbeitet, das eine Positionierung der Mitgliedstaaten herbeiführen sollte. Die Reaktionen auf dieses Papier sind allerdings ernüchternd: Ende 2007 stellte die portugiesische Ratspräsidentschaft fest, dass eine eigenständige Bewertung im Rat zurzeit nicht formuliert werden kann.

Im Wesentlichen lassen sich im Rat zur Zeit zwei Positionen unterscheiden. Auf der einen Seite gibt es Mitgliedstaaten, die dem ganzen Projekt skeptisch gegenüberstehen. Auf der anderen Seite befürwortet die Mehrzahl der Mitgliedstaaten zumindest die Verwendung des CFR als »toolbox«. Allein der Hinweis des Rates aber, dass eine Stellungnahme wenigstens bis zur Veröffentlichung und Durchsicht des CFR nicht herbeigeführt werden könne, verkennt die politische Verantwortung der Mitgliedstaaten bei den Arbeiten an einem einheitlichen Europäischen Vertragsrecht. Denn der Rat war im Jahr 2007 nicht gefragt, eine inhaltliche Bewertung der Arbeiten der Akademiker vorzunehmen, sondern vielmehr – ähnlich wie das Europäische Parlament und die Kommission in der Vergangenheit – grundsätzlich die Bedeutung des Projekts hervorzuheben und die politische Unterstützung für die Zukunft zuzusagen. Die slowenische Ratspräsidentschaft hat nunmehr auch angekündigt, im ersten Halbjahr 2008 verstärkt daran zu arbeiten, eine eindeutige Stellungnahme des Rates herbeizuführen.

Die Relevanz des Europäischen Vertragsrechts hätten die Mitgliedstaaten spätestens bei den Verhandlungen zur sog. Rom I-Verordnung erkennen müssen, die parallel zu den Ratssitzungen zum CFR stattfanden. Die langwierigen Diskussionen im Rahmen von Rom I konzentrierten sich auf die Frage, welches Recht bei grenzüberschreitenden Verbraucherverträgen anwendbar sein soll. Diese Diskussionen aber erübrigen sich, wenn den Verbrauchern optional ein Europäisches Vertragsrecht zur Verfügung steht und somit nicht mehr der komplizierten Frage des Internationalen Privatrechts nachgegangen werden muss, welches Recht bei grenzüberschreitenden Verträgen anwendbar ist.

VII. Einsatzgebiete des CFR

Somit stoße ich zu der zentralen Frage vor, welche Einsatzgebiete für den CFR denkbar sind. Langfristig, also in den nächsten zwei bis drei Legislaturperioden, steht das Ziel eines sog. »optionalen Instruments« im Vordergrund. Hierunter versteht man das Europäische Vertragsrecht als 29. Regime (27 Mitgliedstaaten sowie das schottische Zivilrechtssystem), das von den Vertragsparteien freiwillig zur Ausgestaltung ihrer Rechtsbeziehungen gewählt werden kann. Als Testeinsatzgebiet könnte hier der Internethandel dienen: Über einen sog. blue botton könnte sich jeder Käufer bei Vertragsschluss für das Europäische Vertragsrecht entscheiden. Die Vorteile dieser Verwendung des CFR sind enorm. Der Käufer wüsste bei jedem Kauf im europäischen Ausland, welche Rechte ihm zustünden, und der Verkäufer könnte seine Vertragsbedingungen europaweit nach einheitlichen Regeln ausgestalten und anbieten. Weiterverfolgt werden sollte auch die Idee, dieses 29. Regime verbindlich in die Allgemeinen Geschäftsbedingungen der Unternehmen aufzunehmen.

Kurzfristig hingegen muss zunächst sichergestellt werden, dass der CFR als toolbox herangezogen werden kann. Die Kommission könnte bei der Entwicklung neuer Vorschläge zur Verbesserung der Qualität und Kohärenz des bestehenden und zukünftigen gemeinschaftlichen Besitzstandes im Bereich des Vertragsrechts auf den CFR zurückgreifen, und die Mitgliedstaaten könnten bei der Umsetzung europäischen Rechts dieses Regelwerk berücksichtigen. Auf europäischer Ebene etwa wäre eine Bezugnahme auf den Gemeinsamen Referenzrahmen in einem Erwägungsgrund einer Richtlinie ausreichend, um den CFR als Auslegungshilfe heranziehen zu können. Um dieses Ziel zu erreichen, wird nicht einmal eine förmliche Verabschiedung des CFR erforderlich sein. Denn einmal veröffentlicht, kommen die europäischen und nationalen Gesetzgeber nicht umhin, auf dieses Regelwerk bei der Rechtssetzung zurückzugreifen.

VIII. Ausblick

Die Arbeiten an einem Europäischen Vertragsrecht müssen über diese faktische Bedeutung des CFR freilich hinausgehen. Die wissenschaftliche Vor- und Aufbereitung des Referenzrahmens war notwendig. Der endgültige akademische CFR wird einen erheblichen Umfang erhalten, da er zusätzlich »comments and notes«, also Beispiele und Erläuterungen der Rechtslage in den Mitgliedstaaten und der Gemeinschaft enthalten wird.

Nunmehr aber obliegt es den politischen Entscheidungsträgern, über das weitere Vorgehen zu entscheiden. Um der Politik eine Entscheidungsfindung zu ermöglichen, müssen sich vor allem in den nächsten Monaten alle interessierten Kreise zunächst an der Bewertung des DCFR und schließlich an der Bewertung des endgültigen Referenzrahmens beteiligen. Denn eines muss sichergestellt werden: Das Europäische Vertragsrecht hat nur eine Zukunft, wenn es von höchster Qualität ist und den Rechtsuchenden als echte Alternative zur Ausgestaltung ihrer Rechtsbeziehungen zur Verfügung gestellt werden kann.

Die Kommission hat noch nicht entschieden, wie sie mit dem akademischen CFR fortfahren soll. Sicherlich wird sie zunächst versuchen, die umfassenden Regeln auf eine überschaubare Menge von Bestimmungen zu reduzieren. Auf Arbeitsebene haben sich die beteiligten Generaldirektionen bereits zusammengesetzt und arbeiten einen Fahrplan für das Jahr 2008 aus. Dieser Plan soll es der Kommission ermöglichen, bis Ende 2008 zu entscheiden, welchen Umfang, Inhalt und Form der CFR haben soll. Das Europäische Parlament hat hierzu Ende 2007 klargestellt, dass es an allen Entscheidungen rechtzeitig und umfassend beteiligt werden muss.

Prof. Dr. Gerald Spindler*

Erosion des Persönlichkeitsrechts im Internet?

1. Einleitung

Dass das Internet ein völlig neuartiges Kommunikationsforum ist, das vielen sowohl im positiven wie auch negativen Sinne offenbar eine ungehemmte Plattform für ihre Äußerungen bietet, dürfte inzwischen zum Allgemeingut gehören. Die Möglichkeit, grenzüberschreitend und praktisch nur mit minimalem Aufwand seine Meinung zu Gehör zu bringen, hat zu einer wahren Informations- und Meinungsflut geführt, die allerdings nicht nur die besten Seiten des Menschen zutage fördert, sondern auch jegliche Form der Außendarstellung erlaubt. Hinzu kommt, dass das Internet weitestgehend die anonyme Äußerung zulässt, so dass der freien Meinungsäußerung kaum Hindernisse in den Weg gelegt werden, auch wenn diese das tiefste denkbare Niveau erreicht und sich beleidigender und ehrverletzender Formen bedient. Diesen von vielen eher negativ empfundenen Aspekten der freien Entfaltung der Kommunikation im Netz steht die einzigartige Chance eines im Habermas'schen Sinne »herrschaftsfreien Diskurses«[1] gegenüber, der wohl zum ersten Male in der Geschichte der Menschheit ohne örtliche und zeitliche Gebundenheit einen Austausch der Gedanken und Meinungen ermöglicht.

Um sich der Problematik juristisch zu nähern, gilt es, zunächst einen Blick auf die relevanten Erscheinungsformen und Gefahren für das Persönlichkeitsrecht zu werfen (2), um sodann die rechtlichen Rahmenbedingungen einschließlich des Internationalen Privatrechts Revue passieren zu lassen (4). Vor diesem Hintergrund gilt es, mögliche rechtspolitische Handlungsoptionen in der hier gebotenen Kürze zu beleuchten (6).

2. Gefahren für das Persönlichkeitsrecht

Klassische Persönlichkeitsrechtsverletzungen und deren »Fortentwicklungen« im Netz

Die klassische Persönlichkeitsrechtsverletzung abseits rein privater Kommunikationsdelikte, wie die unmittelbare Beleidigung und Herabsetzung einem anderen gegenüber, zeichnete sich immer durch die Verbreitung und Vermittlung bestimmter Medien aus. Nachdem zunächst Bücher und Zeitschriften die Kommunikation dominiert hatten und damit auch die ehrverletzende oder verzerrende Berichterstattung, kamen im 20. Jahrhundert Rundfunk und Fernsehen mit ihren besonderen Formaten des Journalismus und der Meinungsbildung hinzu. Stets aber war kennzeichnend, dass – bis

---

* Lehrstuhl für Bürgerliches Recht, Handels- und Wirtschaftsrecht, Multimedia- und Telekommunikationsrecht, Universität Göttingen. Der Abdruck des Beitrags erfolgt mit freundlicher Genehmigung des Springer-Verlages.
1 *Habermas, Jürgen*, Diskursethik – Notizen zu einem Begründungsprogramm, in: ders., Moralbewusstsein und kommunikatives Handeln, 1983, S. 53–125, insb. S. 99, sowie *Habermas*, Strukturwandel der Öffentlichkeit, 1962, insb. S. 343–349. Vgl. dazu auch *Geser, Hans*, Das Internet als Medium »herrschaftsfreier« politischer Kommunikation?, in: Imhof/Schulz (Hrsg.): Politisches Raisonnement in der Informationsgesellschaft, 1996, S. 213–227.

auf wenige Ausnahmen wie Livesendungen – Meinungen mediatisiert wurden und vor ihrer Verbreitung kontrolliert werden konnten. Ebenso sehr waren im Prinzip diejenigen, die die Meinungen verbreiteten, identifizierbar.

All dies fällt indes für Internetpublikationen weg, indem Autoren von Meinungen sich direkt an ein diffuses Publikum ohne jegliche Vorabkontrolle durch Dritte bzw. eine Organisation (Sendeunternehmen, Pressehaus) wenden können und sie zudem im Grunde[2] noch anonym bleiben können. Darüber hinaus ermöglicht das Internet die Verbindung von dauerhafter Publikation ähnlich dem Printbereich mit audiovisuellen Inhalten (Filme, Tondarbietungen etc.). Die Erscheinungsformen der Meinungsbildung und Verbreitung von Inhalten sind dabei höchst unterschiedlich und unterliegen einem stetigen Wandel, so dass im Folgenden nur einige typische Formen herausgegriffen werden können. Dabei werden von vornherein die klassischen medialen Publikationen, die nur für das Internet aufbereitet werden, außer Acht gelassen. Hierzu zählen etwa online gestellte Printpublikationen oder TV-Sendungen (wie spiegel-online.de oder faz.net bzw. zdf.de etc.), da sie insoweit keine Besonderheiten gegenüber den klassischen Persönlichkeitsrechtsverletzungen aufwerfen:

Web 2.0
Unter dem Schlagwort Web 2.0 firmieren etliche der als sog. User-generated-Content verbreiteten Inhalte[3]. Häufig machen sich kommerziell betriebene Portale das Interesse ihrer Nutzer an der eigenen Erstellung von Inhalten zunutze, indem etwa Werbung parallel zu den jeweiligen Inhalten der Nutzer geschaltet wird oder zusätzliche Dienstleistungen angeboten werden[4].

Foren
Foren zeichnen sich in der Regel dadurch aus, dass sie Diskussionen zu einem bestimmten Thema ermöglichen (sog. »Threads«), oftmals auch als Annex etwa zu Online-Zeitschriften-Publikationen bzw. Nachrichtenportalen. Hier können User (Leser) ihre eigene Meinung zu bestimmten Themen publizieren, auf die wiederum andere User Bezug nehmen können. So ist es etwa bei dem populären

---

2 Abgesehen von aufwendigeren Ermittlungsmaßnahmen, etwa durch Auskunftsersuchen an Provider etc., s. dazu unten 6.
3 *Alby, Tom*, Web 2.0: Konzepte, Anwendungen, Technologien, 2008, S. 15 ff.; *O'Reilly, Tim*, What is Web 2.0?, http://www.oreillynet.com/pub/a/oreilly/tim/news/2005/09/30/what-is-web-20.html (letzter Abruf am 24.8.2008).
4 *Krieger, Andreas*, Das Phänomen YouTube, http://www.daserste.de/ttt/beitrag.asp?uid=44ovf9egka5x7nny&cm.asp (letzter Abruf am 24.8.2008); *Kreinau, Sebastian*, Mit Web 2.0 Geld verdienen: Podcasts als lukrative Einnahmequelle, http://www.adon-media.de/doc/2007/01/061107_pm_aads_success.pdf (letzter Abruf am 24.8.2008); *Schöneberg, Dominik*, YouTube und Co.: Milliardengrab oder Goldgrube, http://www.netzwelt.de/news/74695-youtube-und-co-milliardengrab-oder.html (letzter Abruf am 24.8.2008); *Fösken, Sandra*, Web-2.0-Fieber erfasst Radiomarkt, Absatzwirtschaft 2008, Heft 6, S. 62, 65 f. Einen vorläufigen Höhepunkt bildet wohl das sog. *Consumer generated Marketing* – von Konsumenten hergestellte bzw. ausgewählte Werbung, u. a. beim U.S.-amerikanischen Super-Bowl-Event und IKEA und BMW, siehe dazu *Richter, K./Weber, M.*, User Generated Marketing – Aus den USA schwappt eine neue Welle herüber: Verbraucher machen ihre Werbung selber, werben & verkaufen 2007, Heft 7, S. 14.

heise.de-Portal keine Seltenheit, dass binnen weniger Stunden mehr als 300 Kommentare zu bestimmten Artikeln veröffentlicht werden. Diese Foren sind oftmals nicht moderiert, so dass keine vorherige Kontrolle der Foren stattfindet. Allerdings existieren auch moderierte Foren, in denen ein Moderator die Nachrichtenbeiträge beobachtet und gegebenenfalls sperrt, wenn sie seiner Meinung nach unzulässigen oder anstößigen Inhalt enthalten.

Als Abart der Foren können die heute wieder durch andere Tauschaktivitäten zu zweifelhafter Popularität gelangten Newsgroups im sog. Usenet gelten[5]: Schon in den Anfängen, in den achtziger Jahren, dienten diese »schwarzen Bretter« dem Austausch von Meinungen (news) über bestimmte Themen, schon hier wurden entsprechende Threads entwickelt.

Blogs

Eine weitere prominente Form der individuellen Meinungsäußerung stellen Blogs dar, eine Kurzform für weblog[6]. Blogs werden gerne zur eigenen kurzen Kommentierung von aktuellen Geschehnissen verwandt, die ein Autor regelmäßig ins Netz stellt, eben vergleichbar einem Tage- bzw. Logbuch. Diese Blogs haben sich inzwischen fest für bestimmte Bereiche etabliert und präsentieren auch Fachwissen auf spezialisierten Portalen, z.B. dem law-blog[7] für rechtliche Fragestellungen. Darüber hinaus werden Blogs inzwischen von kommerziellen Portalen regelrecht benutzt, um Fachwissen zu bündeln, oftmals auch in moderierter Form, ja sogar um traditionelle lokale Zeitungen zu ersetzen, indem Blogs in bestimmte Rubriken für Orte gebündelt und geordnet werden, damit die lokale Berichterstattung durch Hobby-Journalisten ersetzt wird[8].

---

5   Laut Online-Enzyklopädie *Wikipedia* ist der Begriff Usenet abgeleitet vom englischen Unix User Network – »Netzwerk für die Benutzer von Unix« und beschreibt ein weltweites, elektronisches Netzwerk, das Diskussionsforen (sogenannte »Newsgroups«) aller Art bereitstellt. Siehe auch *Hütten, Roger*, Verantwortlichkeit im Usenet, K&R 2007, 554, 554 f.; *Geider, Annekatrin*, Newsgroups im Kontinuum von Mündlichkeit und Schriftlichkeit, http://www.smartroom.de/office/magisterarbeit.pdf (letzter Abruf 24.08.2008), S. 29; *Gringmuth, Volker*, Das Nutznetz – Eine Einführung, http://einklich.net/usenet/usenet1.htm (letzter Abruf 24.08.2008).

6   *Wikipedia* definiert den Blog als öffentliches Tagebuch im Internet, der aus der Zusammensetzung des engl. *World Wide Web* und *Log* für Logbuch entstanden sei. Zur Geschichte des Begriffs siehe *Blood, Rebecca*, Weblogs: A History and Perspective, Rebecca's Pocket, 7. September 2000, http://www.rebeccablood.net/essays/weblog_history.html (letzter Abruf am 24.8.2008); *Riley, Duncan*, A short history of blogging, 6. März 2005, http://www.blogherald.com/2005/03/06/a-short-history-of-blogging/ (letzter Abruf am 24.8.2008). Erstmals für ein Internettagebuch verwendet hat den Begriff *Weblog* am 17. Dezember 1997 wohl *Robert Wisdom*, http://www.robotwisdom.com/log1997m12.html (letzter Abruf am 24.8.2008). *Peter Merholz* verkürzte ihn am 12. Oktober 1999 zu *Blog*, http://web.archive.org/web/19991013021124/http://peterme.com/index.html (letzter Abruf am 24.8.2008). Kategorisierungen von Blogs finden sich bei *Koch, Frank A.*, Von Blogs, Podcasts und Wikis – telemedienrechtliche Zuordnung und Haftungsfragen der neuen Dienste im Internet, ITRB 2006, 260, 260 f.

7   http://www.law-blog.de.

8   Entsprechende Plattformen bieten beispielsweise das Themenportal NRW [on] mit seinen Lesernachrichten, zugänglich über http://www.nrw-on.de/lesernachrichten-nrw_kat159.html (letzter Abruf am 24.8.2008) sowie http://www.mein-simbach.de/forum/inn/nachrichten/lesernachrichten/ (letzter Abruf am 24.8.2008). Vorreiter aus dem englischen Sprachraum ist http://www.newsvine.com/ und das südkoreanische Portal http://www.ohmynews.com/. Siehe auch *Shayne*

File-Sharing
Ein anderes Phänomen, das sich allerdings erst in Ansätzen findet, ist der Meinungsaustausch über Filesharing-Systeme. Während diese ohne eine zentrale Plattform operierenden Systeme bislang im Wesentlichen für den Tausch von Musik oder Filmen eingesetzt wurden, entwickelt sich langsam auch ein Tausch von Textdokumenten und anderen multimedialen Inhalten.[9] Anders als bei traditionellen Plattformen, die über einen Host-Provider betrieben werden, liegt die Problematik, wie anonyme Rechtsverletzungen hier verfolgt werden sollen, auf der Hand.

3. Sozial-ethische Entwicklungen: Die Haut zu Markte getragen?
Diesen neuen Phänomenen in technischer Hinsicht entspricht ein gesellschaftlicher Wandel im Umgang mit der Abgrenzung von Privat- und öffentlicher Sphäre. Es ist schon oftmals bemerkt worden, wie sich das Bewusstsein der jüngeren Generationen hinsichtlich der Bereitschaft, private Umstände öffentlich bekannt zu machen und sich zu exponieren, verändert hat[10]. Dennoch genießt auch der Datenschutz nach wie vor einen hohen Stellenwert, wie dies etwa die Vorgänge um die soziale Plattform StudiVZ Anfang 2008 bei deren Änderung der datenschutzrechtlichen Bedingungen gezeigt haben[11]. Ohne dass dies hier vertieft werden kann, zeigt sich eine Ausdifferenzierung von privater, semi-privater und öffentlicher Sphäre, indem die Grenzen zwischen den Kommunikationsebenen verschwimmen, wie zunächst rein private Kommunikationskreise in die Halböffentlichkeit

---

Bowman, Chris Willis, We Media – How audiences are shaping the future of news and information, 2003, S. 9; *Spielkamp, Matthias*, in: Hoofacker, Gabriele (Hrsg.), Wer macht die Medien? Online-Journalismus zwischen Bürgerbeteiligung und Professionalisierung, 2008, S. 45; *Gisiger, Michael*, Bürgerjournalismus – Versuch einer Begriffserklärung, Readers Edition, 18. September 2007, http://www.readers-edition.de/2007/09/18/buergerjournalismus-versuch-einer-begriffsbestimmung/ (letzter Abruf am 24.8.2008).

9 Vgl. *Rösler, Hannes*, Haftung von Medientauschbörsen und ihrer Nutzer in Nordamerika, Australien und Europa, MMR 2006, 503, 503.

10 Deutlich wird dies in Studien, die die Beteiligung an Online-Netzwerken nach Altersklassen aufschlüsseln, z.B. die Forsa-Umfrage 2008 für den Bundesverband Informationswirtschaft Telekommunikation und neue Medien (BITKOM), http://www.bitkom.org/52795_50462.aspx (letzter Abruf am 24.8.2008) wonach 18 % aller Deutschen persönliche Daten im Internet veröffentlichen, unter den 14–29-Jährigen der Anteil sogar bei 49 % beträgt, sowie die rapleaf-Study of Social Network Users vs. Age aus dem Jahr 2008 für die USA, erhältlich unter http://business.rapleaf.com/company_press_2008_07_29.html (letzter Abruf am 24.8.2008), wonach etwa 2/3 der Nutzer sozialer Netzwerke unter 25 sind. Siehe außerdem *Bernau, Patrick*, Selbstdarstellung im Netz: Ich zeige alles von mir, Frankfurter Allgemeine Sonntagszeitung vom 13. Januar 2008, zugänglich über http://fazarchiv.faz.net (letzter Abruf am 29.8.2008); *Hauck, Mirjam*, Entblößung 2.0: Jugendliche im Internet, Süddeutsche Zeitung vom 29.8.2008, www.sueddeutsche.de/wissen/229/308177/text/ (letzter Abruf am 29.8.2008); *Clauß, Ulrich*, Der Generation StudiVZ ist der Datenschutz egal, http://www.welt.de/politik/article1978046/Der_Generation_StudiVZ_ist_der_Datenschutz_egal.html (letzter Abruf 24.08.2008); *Kleinwächter, Wolfgang*, Datenschutz als Generationenkonflikt, http://www.heise.de/newsticker/Datenschutz-als-Generationenkonflikt--/meldung/89231 (letzter Abruf 24.08.2008); auch im Rahmen von Weblogs geben eher jüngere Nutzer Informationen von sich preis, wie aus der 21. w3b.de-Nutzerbefragung vom Oktober 2005 hervorgeht, http://www.w3b.de/ (letzter Abruf am 24.8.2008).

11 BITKOM, Presseinformation – Neun Millionen Deutsche haben Profile im Internet, http://www.bitkom.org/52795_52791.aspx (letzter Abruf 24.8.2008); *Kleinz, Torsten*, Werbung und persönliche Daten: Neue AGB für StudiVZ, http://www.heise.de/newsticker/meldung/100579 (letzter Abruf 24.8.2008); *Bauer, Stephan*, Personalisierte Werbung auf

durch »Web-Prominenz« hineinwachsen. Die Bereitschaft, sich auf Diskussionen in der Web-Öffentlichkeit einzulassen, aber auch das Problem der Einschätzung von Qualität und Glaubwürdigkeit von Informationen tritt deutlicher hervor, da oftmals etablierte Institutionen wie Zeitschriften oder Sendehäuser entfallen, die zumindest gewisse Rollen als Informationsintermediäre übernahmen.

Dieser Veränderung im Rollen- und Kommunikationsverhalten muss auch das Recht Rechnung tragen – wozu es auch in der Lage ist, gerade durch die Flexibilität und Offenheit der grundlegenden Tatbestände, wie zu zeigen sein wird:

4. Die rechtlichen Rahmenbedingungen
Schutzbedingungen
Der Schutz des Persönlichkeitsrechts im Zivilrecht

Im Zentrum des Schutzes des Persönlichkeitsrechts stand von Anfang an die Herausbildung eines eigenen verfassungsrechtlichen Anspruchs, der entweder als eigenständig betrachtet wurde, wie es die Rechtsprechung herausarbeitete[12], oder – ohne inhaltliche Änderungen – seine Wurzel in § 823 Abs. 1 BGB als »sonstiges Recht« fand[13]. Ohne dass hier die bekannten Linien des Persönlichkeitsrechts nochmals entfaltet werden sollten, kann es im Lichte des Internet nur um zwei Fragen gehen:
- Bedingt die neue Form der Kommunikation eine Änderung des Persönlichkeitsrechts und seines materialen Gehalts?
- Verändern die neuen Kommunikationsformen auch die Haftungsrahmenbedingungen für Informationsintermediäre wie Publikationsplattformen?

Hinsichtlich der ersten Frage liegt es auf der Hand, danach zu differenzieren, in welcher Rolle ein Betroffener an dem Kommunikationsprozess Internet teilnimmt: Handelt es sich um Außenstehende, die selbst nicht an der Kommunikation teilnehmen, ergeben sich keine Änderungen gegenüber traditionellen Mustern des Persönlichkeitsrechtsschutz. Es besteht kein Anlass, den Schutz durch das Persönlichkeitsrecht zurückzunehmen, nur weil ein entsprechender Angriff über das Internet erfolgt statt über andere Medien bzw. Publikationen. Die Persönlichkeit des Opfers verändert sich nicht durch die Wege, über die es angegriffen wird. Anders ist dies jedoch zu beurteilen, wenn es sich um Opfer handelt, die

---

Social Community-Websites – Datenschutzrechtliche Zulässigkeit der Verwendung von Bestandsdaten und Nutzungsprofilen, MMR 2008, 435, 435.

12 BVerfGE 34, 269, 273 ff. (C I 2) – *Soraya*; BGHZ... 13, 334, 338 – *Leserbrief*; BGHZ... 26, 349, 354 f. – *Herrenreiter*; BGHZ... 35, 363, 367 – *Ginsengwurzel*.

13 BGHZ 24, 72, 77- Krankenpapiere; 27, 284, 286 – Tonbandaufnahme I; 50, 133, 143 – Mephisto; Soergel/*Beater*, 13. Aufl., 2005, § 823 BGB, Anh. IV, Rn. 1; Bamberger/Roth/*Bamberger*, 2. Aufl., 2007, § 12, Rn. 227, Staudinger/*Hager*, 1999, § 823 BGB, Rn. C 289, Münchener Kommentar zum BGB/*Rixecker*, 5. Aufl., 2006, Anh. zu § 12 BGB, Rn. 218; Spindler/Schuster/*Spindler/Nink*, 2008, § 823 BGB, Rn. 48 f.; *Gounalakis, Georgios/Rhode, Lars*, Persönlichkeitsschutz im Internet, 2002, Rn. 348; *Hubmann, Heinrich*, Das Persönlichkeitsrecht, 2. Aufl., 1967, S. 349 ff. *Schlechtriem, Peter*, Inhalt und systematischer Standort des allgemeinen Persönlichkeitsrechts, DRiZ 1975, 65, 65, 68; einen anderen Ansatz zur Erlösabschöpfung über das Bereicherungsrecht und die angemaßte Geschäftsführung ohne Auftrag präsentieren *Beuthien, Volker/Schmölz, Anton S.*, Persönlichkeitsschutz durch Persönlichkeitsgüterrechte, 1999, S. 4.

selbst am Kommunikationsprozess teilnehmen: So wie die Rechtsprechung schon seit langem für den Meinungskampf in der Demokratie herausgearbeitet hat, dass sich Teilnehmer, insbesondere Politiker, an einer öffentlichen Meinungsbildung härtere Attacken gefallen lassen müssen, wenn sie selber offensiv Meinungen vertreten haben[14], wird dies auch für Teilnehmer an Internet-Diskussionen und einer Internet-Öffentlichkeit gelten müssen, sofern sie denselben Diskussionskreisen angehören.[15] Eine Privilegierung des Privaten, der sich in die Öffentlichkeit begibt, kann nicht angenommen werden, da er sich im Internet bewusst außerhalb seines privaten Umfelds bewegt. Die Entwicklung dieses *grass-root*-Journalismus und des User-generated-Content legt daher auch eine Weiterentwicklung des Persönlichkeitsrechts als offenes Rahmenrecht und als in Wechselwirkung mit der gesellschaftlichen Entwicklung stehendes Grundrecht nahe. Die zunehmende Bereitschaft von Individuen, sich öffentlich zu exponieren und selbst darzustellen, führt zu einer wesentlich konfliktoffeneren Interpretation des Persönlichkeitsrechts und zu einer wesentlich großzügigeren Interpretation des deliktischen Schutzes.

Aber auch hinsichtlich der Rahmenbedingungen für eine Inanspruchnahme der Intermediäre sind die besonderen Bedingungen des neuen Mediums Internet bzw. der unterschiedlichen Publikationsformen zu berücksichtigen – unabhängig von den noch zu beleuchtenden allgemeinen haftungsrechtlichen Privilegierungen für Provider. Denn schon seit jeher hat die Rechtsprechung im Lichte der besonderen Funktion der Informationsintermediäre für die öffentliche Meinungsbildung (Art. 5 Abs. 1 Satz 2 GG) gewisse Haftungsprivilegierungen anerkannt, um diese nicht durch überzogene Prüfungspflichten vor einer Publikation ihrer Funktion als Multiplikator und Bündelung der Meinungen im demokratischen Prozess zu berauben.[16] Dies lässt sich besonders deutlich an der Panorama-Entscheidung des BGH ablesen, die den besonderen Charakter einer Livesendung hervorhebt und deren Moderator von einer Haftung für ehrverletzende Äußerungen während eines solchen Marktplatzes der Meinungen freistellt[17]. Aber auch die Entscheidungen zur eingeschränkten Prüfungspflicht der Presse vor entsprechenden Publikationen zeugen davon, dass die eigentliche Funktion der Informationsintermediäre nicht eingeschränkt werden soll – was der BGH in der »Schöner Wetten«-Entscheidung explizit auf Internet-Publikationen (hier Hyperlinks auf ausländische Angebote) erstreckt hat[18]. Allerdings können

---

14 BVerfGE 12, 113, 131 f. – *Schmid/Spiegel*; BVerfGE 54, 129, 138 – *Kunstkritik*; BVerfGE 66, 116, 150 f. – *Springer/Wallraff*; BGHZ 45, 296, 309 – *Höllenfeuer*; BGH, NJW 1971, 1655, 1657 – *Sabotage*; LG Mainz, NJW 2001, 761, 762 – *NPD-Konten*; Gleiches gilt für Äußerungen im Zusammenhang mit der beruflichen Sphäre, da die Tätigkeit hier von vornherein eine breite Öffentlichkeitswirkung entfaltet, vgl. dazu jüngst OLG Köln, Urt. v. 3.7.08 – 15 U 43/08 – *spickmich.de*, Tz. 47, abrufbar unter http://www.justiz.nrw.de/RB/nrwe2/index.php (letzter Abruf am 29.8.2008).

15 So wohl auch LG Hamburg AfP 2007, 277, 278; ebenso wird diese Rspr. uneingeschränkt auf den Onlinebereich übertragen von *Gounalakis, Georgios/Rhode, Lars*, Persönlichkeitsschutz im Internet, 2002, Rn. 259.

16 BVerfG NJW 2006, 207 – ‚*IM Sekretär' Stolpe*; NJW 2004, 589 – *Haarfarbe des Bundeskanzlers*; NJW 1992, 1439, 1442 – Bayer; NJW 1999, 1322, 1324 – *Helnwein*; dazu auch *Damm, Renate/Rehbock, Klaus*, Widerruf, Unterlassung und Schadensersatz in den Medien, 3. Aufl., 2008, Rn. 661.

17 BGHZ 66, 182, 188 f. – *Fall Bittenbinder/Panorama-Entscheidung* mit Anmerkungen *Katzenberger*, GRUR 1976, 656 und Mathy, Klaus/Gehrhardt, Erwin, AfP 1976, 85, dort insbes. 86 f.

18 BGHZ 158, 343, 352 f. – *Schöner Wetten*; *Spindler, Gerald*, Hyperlinks und ausländische Glücksspiele – Karlsruhe locuta causa finita?, GRUR 2004, 724, 728.

diese Rechtsprechungslinien nicht unbesehen auf Internet-Publikationsformen gleich welcher Couleur übertragen werden: Ausschlaggebend muss stets sein, ob die Schnelligkeit des Mediums eine Reaktion des Informationsintermediärs nicht mehr zulässt, ob damit auch die zentrale Funktion des Informationsmediums tangiert wird. Während etwa bei Chat-Foren die Parallele zur Livesendung unübersehbar ist, gilt dies für Nachrichtenforen oder Newsgroups bereits nur eingeschränkt, obwohl auch hier innerhalb weniger Stunden mehr als 300 Nachrichten keine Seltenheit sind, wenn etwa »prominente« Nachrichten in Rede stehen. Wiederum wesentlich stärkere Prüfungspflichten wird man den Betreibern von Blog-Portalen aufbürden können, denen wesentlich mehr Zeit zur Verfügung steht, einzelne Beiträge auf ihre Rechtswidrigkeit grob zu überprüfen – gerade die von den Informationsintermediären selbst geförderten Parallelen zu (lokalen) Zeitschriften legen es nahe, auch die entsprechenden groben Prüfungspflichten hier anzuwenden, wie sie für Printpublikationen (Tageszeitschriften) entwickelt wurden.[19] Diese Einschränkungen werden inzwischen jedoch grobmaschig und nicht unbedingt feingesteuert durch die gesetzlichen Haftungsprivilegierungen überlagert, die noch näher zu beleuchten sein werden.

Urheberrechtlicher Schutz

Der Schutz durch das Persönlichkeitsrecht wird flankiert durch den bekannten Schutz des Rechts am eigenen Bild, § 22 Satz 1 KUG.[20] Auf Einzelheiten zu diesem Recht kann hier verzichtet werden[21], von Interesse ist lediglich, ob sich auch bei diesem Recht Änderungen bedingt durch die andersartige Kommunikation festmachen lassen. Dreh- und Angelpunkt für die Interessenabwägung im Kommunikationsprozess ist hier das Tatbestandsmerkmal der relativen und absoluten Zeitgeschichte, § 23 Abs. 1 Nr. 1 KUG. Je nachdem wie stark sich eine betroffene Person in einem öffentlichen Kommunikationsprozess engagiert hat und dadurch im Zusammenhang mit einem bestimmten zeitgeschichtlichen Ereignis vorübergehend aus der Anonymität heraus in das Blickfeld der Öffentlichkeit rückt, muss sie sich die Einstufung als Person der relativen Zeitgeschichte[22] gefallen lassen. Dies gilt erst recht, wenn die betroffene Person selbst eigene Bilder in das Internet einstellt; oftmals liegt dann bereits eine konkludente Einwilligung i.S.d. § 22 Satz 1 KUG vor, dass zumindest ein Link auf das entsprechende Bild gelegt wird,[23] oder gar dass das Bild im Rahmen von Diskussionen verwandt

---

19 Zu dieser Parallelität eingehend *Pankoke, Stefan*, Von der Presse- zur Providerhaftung, 2000.
20 Zur Anwendbarkeit des KUG auch auf »unbekannte Web-Seiten« *Pankoke, Stefan*, Von der Presse- zur Providerhaftung, 2000, S. 157.
21 Eingehend dazu etwa *Dreier/Schulze/Dreier*, § 22 KUG, Rn. 1 ff.; *Ernst-Moll, Jürgen*, Das Recht am eigenen Bildnis vor und vor allem nach dem Tode, GRUR 1996, 558; *Fricke, Michael*, in: Wandtke/Bullinger (Hrsg.), Praxiskommentar zum Urheberrecht, 2006, § 22, Rn. 1 ff.; *Schricker/Götting*, UrhR, § 22 KUG/§ 60, Rn. 1 ff.
22 Dazu *Fricke, Michael*, in: Wandtke/Bullinger (Hrsg.), Praxiskommentar zum Urheberrecht, 2006, § 23 KUG, Rn. 14–26; *Schricker, Gerhard/Götting, Horst-Peter*, UrhR, § 23 KUG/§ 60, Rn. 19 ff.; *Wenzel/von Strobl-Alberg*, Das Recht der Wort- und Bildberichterstattung, 5. Aufl. 2003, Kap. 8, Rn. 13.
23 Wandtke/Bullinger/*Fricke* § 22 KUG, Rn. 17; Wenzel/*von Strobl-Alberg*, Kap. 7, Rn. 78.

werden darf. Allerdings ist die gesamte Rechtslage um die Verwendung und Referenzierung von Bildern, etwa auch im Rahmen von Suchmaschinen, noch keineswegs endgültig geklärt[24].

BDSG bzw. Datenschutzrecht
Schließlich kann auch das Datenschutzrecht in Gestalt des BDSG oder des TMG zum Tragen kommen, wenn persönliche Daten in Publikationen ohne Einwilligung verwandt werden. Wiederum ist die Frage zentral, inwiefern eine Person, die am öffentlichen Diskussionsprozess teilnimmt und selbst entsprechende Seiten zur Eigendarstellung unterhält, in die Weitergabe der persönlichen Daten einwilligt. Ob man hier in der Regel von einer solchen konkludenten Einwilligung ausgehen kann, da die Daten öffentlich preisgegeben werden, erscheint noch nicht endgültig geklärt.

Relativierung des Schutzes durch gesetzliche Haftungsprivilegierungen
Der Schutz, den das Persönlichkeitsrecht verleiht, wird aber nicht nur durch entsprechende mediale Modifizierungen im Rahmen des Tatbestandes selbst verändert, sondern auch durch gesetzliche Haftungsprivilegierungen, die breitflächig und völlig unabhängig von der Art und Weise der Rechtsverletzung eingreifen. Der Gesetzgeber wollte damit generell der technischen Funktionsweise und der weitgehenden Neutralität der Diensteanbieter für die neuen Medien Rechnung tragen[25], was sich später auch europaweit in der E-Commerce-Richtlinie durchsetzte.[26]

Dabei ist es zunächst wichtig, sich vor Augen zu halten, dass die Haftungsprivilegierungen nur eingreifen, wenn es sich – nach deutscher Terminologie – um »fremde Inhalte« handelt, § 7 Abs. 1 TMG. Damit wollte der Gesetzgeber des TDG 2002 in (vermeintlicher) Umsetzung der E-Commerce-Richtlinie an die frühere Rechtsprechung zum TDG 1997[27] anknüpfen, die sich ihrerseits wiederum an presserechtlichen Kategorien des »Sich-zu-eigen-Machens« fremder Inhalte orientierte[28]. Demgemäß werden aus den Haftungsprivilegierungen von vornherein diejenigen Angebote und Dienste ausgeschieden, die zwar fremde Inhalte abspeichern, diese aber dergestalt präsentieren, dass außenstehende Dritte vernünftigerweise annehmen müssen, dass der Diensteanbieter sich mit ihnen identifiziert. In § 10 Abs. 1 Satz 2 TMG findet dies nochmals seinen gesetzgeberischen Niederschlag, indem die Haftungsprivilegierung dann nicht eingreift, wenn der speichernde Nutzer unter Aufsicht des Diensteanbieters steht.

---

24 OLG Jena, MMR 2008, 408, 409 f.; LG Erfurt,, MMR 2007, 393, 393 f.; LG Hamburg, MMR 2006, 697, 699; *Berberich, Matthias*, Die urheberrechtliche Zulässigkeit von Thumbnails bei der Suche nach Bildern im Internet, MMR 2005, 145, 145 f.; *Ott, Stephan*, Die Google Buchsuche – Eine massive Urheberrechtsverletzung?, GRUR 2007, 562, 562 f.
25 Vgl. BT-Drs. 13/7385, S. 17 sowie wiederholend in BT-Drs. 14/6089, S. 37, zu Nr. 9.
26 *Spindler*/Schmitz/Geis, TDG Kommentar, 2004, vor § 8 TDG, Rn. 3; *Spindler*, Verantwortlichkeit von Diensteanbietern nach dem Vorschlag einer E-Commerce-Richtlinie, MMR 1999, 199, 206; *Lehmann, Michael*, Electronic Commerce und Verbraucherschutz in Europa, EuZW 2000, 517, 519; *Waldenberger, Arthur*, Electronic Commerce: der Richtlinienvorschlag der EG-Kommission, EuZW 1999, 296, 301.
27 OLG Köln MMR 2002, 548, 548 f.; OLG Düsseldorf NJW-RR 2002, 910, 910 f.; s. ferner LG Frankfurt/M. CR 1999, 45, 46.
28 *Spindler*/Schmitz/Geis, TDG Kommentar, 2004, § 8 TDG, Rn. 5; *Engels, Stefan*, Zivilrechtliche Haftung für Inhalte im Word Wide Web, AfP 2000, 524, 527; *Leible, Stefan/Sosnitza, Olaf*, Neues zur Störerhaftung von Internet-Auktionshäu-

Die Haftungsprivilegierungen für Provider
Für die Haftungsprivilegierungen unterscheidet der europäische Richtliniengeber ebenso wie schon zuvor der deutsche Gesetzgeber zwischen den verschiedenen technischen Funktionen der Informationsintermediäre bei elektronischen Kommunikationsnetzen:

Access Provider
Der sog. Access Provider, der lediglich Informationen transportiert, ohne jeglichen Einfluss auf ihren Inhalt oder deren Empfänger zu nehmen, haftet nicht für den übermittelten Inhalt. Dies gilt selbst dann, wenn er den Inhalt kannte; lediglich bei kollusivem Zusammenwirken mit dem Empfänger kann der Access Provider in Anspruch genommen werden, § 8 Abs. 1 Satz 2 TMG.[29] Damit sind alle klassischen Anbieter, die den Zugang zum Internet gewähren, von vornherein jeglicher straf- und zivilrechtlichen Verantwortlichkeit enthoben, allerdings mit einer gewichtigen, noch zu besprechenden Ausnahme, der Störerhaftung.

Hosting Provider
Demgegenüber haften diejenigen Anbieter, die fremde Inhalte im Auftrag eines Nutzers abspeichern, für diese Inhalte (oder Handlungen), wenn sie Kenntnis von der Rechtswidrigkeit hatten, § 10 Satz 1 TMG. Für zivilrechtliche Schadensersatzansprüche geht das Gesetz einen Schritt weiter und lässt bereits die grob fahrlässige Kenntnis von Umständen[30], die auf rechtswidrige Aktivitäten oder Inhalte schließen lassen, genügen.

Damit unterfallen aber alle Plattformen, die fremde Inhalte hosten, unter diese Haftungsprivilegierungen mithin auch solche Portale, die Blogs bereithalten, sofern diese nicht bereits als sich zu eigen gemachte Inhalte gelten. Gleiches gilt aber auch für Nachrichtenforen, in denen User ihre Kommentare zu entsprechenden Artikeln abgeben[31].

Filesharing-Netze
Eine weitere Frage betrifft die Verantwortlichkeit bei Filesharing-Netzen: Wie schon ausgeführt, fehlt es hier aber an einem zentralen Betreiber, es handelt sich vielmehr um sich selbst organisierende,

---

sern, NJW 2004, 3225, 3225 f.; *Spindler, Gerald,* Die Verantwortlichkeit der Provider für »sich zu eigen gemachte« Inhalte und für beaufsichtigte Nutzer, MMR 2004, 440, 441 f.
29 *Spindler*/Schmitz/Geis, TDG Kommentar, 2004, § 8 TDG, Rn. 9 f.
30 Zur Vorgängervorschrift in § 11 TDG insoweit *Spindler*/Schmitz/Geis, TDG Kommentar, 2004, § 11 TDG, Rn. 10; *Spindler, Gerald,* Urheberrecht und Haftung der Provider – ein Drama ohne Ende?, CR 2001, 324, 325; *Pichler, Rufus,* Haftung des Host Providers für Persönlichkeitsrechtsverletzungen vor und nach dem TDG, MMR 1998, 79, 87 f.
31 OLG Hamburg, Internetforum: Störerhaftung des Betreibers für eingestellte Beiträge mit rechtsverletzendem Inhalt, ZUM 2006, 754, 754 f.; LG Hamburg, Haftung im Internet: Haftung des Betreibers eines Internet-Forums für rechtswidrige Boykottaufrufe in Beiträgen von Nutzern, CR 2006, 638, 639 f.

dezentrale Netze. Außer den Usern selbst kommt daher nur die Haftung des Softwareherstellers in Betracht, was nur in Ausnahmefällen angenommen werden kann, wenn das Produkt entsprechend werblich angepriesen wird oder fast ausschließlich für rechtswidrige Zwecke eingesetzt wird.[32]

Für den Schutz der Persönlichkeitsrechte bedeutet dies – gerade im Hinblick auf die selbst gegenüber immaterialgüterrechtlichen Rechtsverletzungen noch schwierigere rechtliche Einstufung von Inhalten –, dass kaum jemals eine Haftung der Hersteller von entsprechenden Filesharing-Softwareprodukten in Betracht kommen dürfte.

Das »überschießende« Korrektiv: Die Störerhaftung
Angesichts dieser weitgehenden Haftungsprivilegierungen kommt einer von der deutschen Rechtsprechung entwickelten Ausnahme besondere Bedeutung zu: der verschuldensunabhängigen Störerhaftung. Ohne hier die Details vertiefen zu können,[33] kann festgehalten werden, dass der BGH die Störerhaftung als generelle Ausnahme zu den Haftungsprivilegierungen der §§ 7 ff. TMG begreift, da kein Konflikt mit dem Verbot der allgemeinen Überwachungspflicht (Art. 15 E-Commerce-Richtlinie) bestehe; denn bei der Störerhaftung handele es sich lediglich um eine auf spezifische Inhalte bezogene Überwachungspflicht, nicht aber um eine allgemeine. Auch wenn dieser Standpunkt durchaus zweifelhaft erscheint, zumindest eine Vorlage an den EuGH nahegelegen hätte,[34] haben auch andere Senate des BGH diese Linie fortgesetzt, insbesondere der VI. Zivilsenat in einer Entscheidung zur Verletzung des Persönlichkeitsrechts. Hier hob der Senat vor allem hervor, dass es im deutschen Recht keinen Grundsatz der Subsidiarität der Inanspruchnahme eines Informationsintermediärs (nach erfolglosen Versuchen gegen den eigentlichen Urheber der Rechtsverletzung) gebe.[35] Demgemäß kann das Opfer einer Persönlichkeitsrechtsverletzung unmittelbar aus der Störerhaftung gegen einen Informationsintermediär, z.B. eine Plattform, vorgehen.

So sehr dies aus Sicht eines Opfers verständlich und zu begrüßen ist, dürfen doch die damit einhergehenden Probleme für Informationsintermediäre nicht verkannt werden; denn der BGH verweist hinsichtlich der alles entscheidenden Frage, ob es für den Intermediär eine zumutbare Prüfungspflicht gibt, auf die Prüfung im Zwangsvollstreckungsverfahren im Einzelfall. Damit wird aber allen

---

32 S. dazu den »leading case« US Supreme Court MGM vs. Grokster, Urt. v. 27.6.2005 – No. 04-480, 545 U.S. 913 ff.; dazu *Spindler, Gerald/Leistner, Matthias*, Die Verantwortlichkeit für Urheberrechtsverletzungen im Internet – Neue Entwicklungen in Deutschland und in den USA, GRUR Int. 2005, 773, 788 f.; für Deutschland OLG Hamburg, MMR 2006, 398, 401 – *Cybersky*; eingehend *Brinkel, Guido*, Haftung für Peer-to-Peer-Software, CR 2006, 299, 306 f.

33 Siehe dazu schon *Spindler, Gerald/Volkmann, Christian*, Die zivilrechtliche Störerhaftung der Internet-Provider, WRP 2003, 1, 1 f.; *Volkmann, Christian*, Die Unterlassungsvollstreckung gegen Störer aus dem Online-Bereich, CR 2003, 440, 442 f., 446 f.; *Wilmer, Thomas*, Überspannte Prüfpflichten für Host Provider?, NJW 2008, 1845, 1846 ff.; *Ahrens, Hans-Jürgen*, in: FS Canaris 2007, Störerhaftung als Beteiligungsforum im Deliktsrecht, S. 3 ff.; *Leible, Stefan/Sosnitza, Olaf*, Neues zur Störerhaftung von Internet-Auktionshäusern, NJW 2004, 3225, 3225 ff.; *Leistner, Matthias/Stang, Felix*, Die Neuerung der wettbewerbsrechtlichen Verkehrspflichten – Ein Siegeszug der Prüfungspflichten?, WRP 2008, 533, 534 ff.

34 Krit. daher insoweit zu Recht *Leible, Stefan/Sosnitza, Olaf*, Haftung von Internetauktionshäusern – reloaded, NJW 2007, 3324, 3324 f.

35 BGH NJW 2007, 2558, 2559.

Beteiligten Steine statt Brot gegeben, da die erhebliche Rechtsunsicherheit über mögliche Filterverfahren ausgerechnet in das Vollstreckungsverfahren verlagert wird. Weder Opfern noch Intermediären ist damit langfristig gedient, da keiner der Beteiligten definitiv weiß, welche Maßnahmen angewandt werden können und ausreichend sind.

Einfluss des RStV: Gegendarstellungsansprüche – meinungsbildende Plattformen
Ein spezifisches, aus dem Presserecht lange Zeit schon bekanntes Instrument zum Schutz der Persönlichkeit ist der Gegendarstellungsanspruch.[36] Dass dieser Anspruch keineswegs mehr auf Print-Publikationen (die – anders als die sog. elektronische Presse und sonstige Internet-Publikationen[37] – dem traditionellen Pressebegriff zuzuordnen sind[38]) beschränkt werden kann, ist nun zu Recht anerkannt im Rahmen des § 56 Abs. 1 Satz 1 RStV, der den Gegendarstellungsanspruch auf meinungsbildende Telemedien erstreckt. Damit werden aber auch alle Portale wie Blog-Plattformen oder Nachrichtenforen erfasst.[39]

5. Internationalrechtliche Aspekte

Da das Internet neben der potentiellen Anonymität im Prinzip »grenzenlos« ist und nur einen virtuellen Raum darstellt, wurden schon frühzeitig die entsprechenden internationalrechtlichen Fragen hervorgehoben, insbesondere wie die traditionellen Anknüpfungskriterien des internationalen Deliktsrechts auf das Internet angepasst werden können.[40] Insbesondere die Bestimmung des Handlungs- und des Erfolgsortes, als zwei der relevanten Kriterien für die Anknüpfung eines Deliktes an eine bestimmte Rechtsordnung, sorgten immer wieder für Unsicherheit. Einigkeit sollte inzwischen darüber herrschen, dass der Serverstandort kein geeignetes Kriterium darstellt, da er beliebig manipulierbar ist.[41] Im Übrigen bleibt es trotz des Internets bei den gewohnten Anknüpfungspunkten, etwa der Steuerung der Publikation (als Handlungsort), hier eben dem Sitz des Betreibers einer Web-Seite,

---

36 Monographisch dazu *Seitz, Walter/Schmidt, German*, Der Gegendarstellungsanspruch: Presse, Film, Funk und Fernsehen, 3. Aufl. 1998; *Soehring, Jörg*, Presserecht: Recherche, Darstellung und Haftung im Recht der Presse, des Rundfunks und der Neuen Medien, 3. Aufl. 2000, S. 566 ff.; *Yeong-ming, Chang*, Persönlichkeitsschutz und Gegendarstellung, 1997; im Hinblick auf die neuen Medien auch *Mahlke, Alexander*, Gestaltungsrahmen für das Gegendarstellungsrecht am Beispiel des Internet, 2005; *Korthe, Benjamin*, Das Recht auf Gegendarstellung im Wandel der Medien, 2002.

37 *Gounalakis, Georgios/Rhode, Lars*, Persönlichkeitsschutz im Internet, 2002, Rn. 246; *Ory, Stephan*, http://www.medienpolizei.de?, AfP 1996, 105, 107; *Pieper, Antje Karin/Wiechmann, Peter*, Der Rundfunkbegriff – Änderungen durch Einführung des interaktiven Fernsehens?, ZUM 1995, 82, 86.

38 Epping/Hillgruber/*Schemmer/Kempen*, BeckOK-GG, 2008, Art. 5 Rn. 43; *Jarass*/Pieroth, GG-Kommentar, 9. Aufl., 2007, Art. 5 Rn. 25; Sachs/*Bethge*, GG-Kommentar, 3. Aufl., 2003, Art. 5 Rn. 68; v. Mangold/Klein/*Starck*, GG-Kommentar, 5. Aufl., 2005, Art. 5 Abs. 1, 2, Rn. 103, 59.

39 Dies gilt jedenfalls insoweit wie es sich beim user-generated-content um journalistisch-redaktionelle Inhalte handelt, vgl. zu dieser Frage Beck'scher Kommentar zum RundfunkR/*Held*, 2. Aufl., 2008, § 54 RStV, Rn. 39 ff.

40 *Mankowski, Peter*, Das Internet im Internationalen Vertrags- und Deliktsrecht, RabelsZ 63 (1999), 203, 274 ff.; *Spindler, Gerald*, Deliktsrechtliche Haftung im Internet – nationale und internationale Rechtsprobleme, ZUM 1996, 533 ff.

41 *Gounalakis, Georgios/Rhode, Lars*, Persönlichkeitsschutz im Internet, 2002, Rn. 13; *Pfeiffer, Thomas*, in: Gounalakis,

oder dem gewöhnlichen Aufenthaltsort einer Person als Erfolgsort.[42] Im Fall des Persönlichkeitsrechts potenzieren sich allerdings mit der Ubiquität des Internets die Anknüpfungsprobleme: Im Geltungsbereich des ehemaligen EuGVÜ, heute der EuGVVO, und der neuen »Rom II«-Verordnung für das Internationale Privatrecht erklärte der EuGH in der richtungsweisenden Shevill-Entscheidung allein den Handlungsort für den gesamten Schaden eines Persönlichkeitsrechts für maßgeblich, für den jeweiligen Erfolgsort indes stets nur den darauf entfallenden Teilschaden.[43] Für Sachverhalte außerhalb des Geltungsbereichs der EuGVVO bzw. Rom II-VO dürfte zudem nach wie vor die Mosaiktheorie gelten, wonach jeweils die Persönlichkeitsrechtsschäden aus verschiedenen Rechtsordnungen als Teilschäden »addiert« werden müssen, ohne dass indes ein Gericht nur auf einen einzigen Teilschaden beschränkt wäre – wie dies der Shevill-Doktrin sonst entspräche.[44]

Für die Praxis einer Klage wegen Persönlichkeitsrechtsverletzung resultieren daher theoretisch aus der Sicht des Opfers keine Besonderheiten gegenüber einer Printpublikation, da es auch hier eines »minimum contact« nach wie vor bedarf. Aus Sicht eines Informationsintermediärs indes besteht das Problem, dass er die Streuung seines Informationsangebotes aktiv neben Kriterien wie der Sprache – was schon bei englischsprachigen Angeboten versagt[45] – nur bedingt steuern kann, etwa indem nur bestimmten Staatsbürgern der Zugang zu einer Information erlaubt wird.[46]

Rhb. Electronic Business, 2003, § 12, Rn. 147; *Mankowski, Peter*, Das Internet im Internationalen Vertrags- und Deliktsrecht, RabelsZ 63 (1999), 203, 267, MüKo/*Junker*, Art. 40 EGBGB, 4. Aufl., 2006, Rn. 174; *Palandt/Heldrich*, Art. 40 EGBGB, 66. Aufl., 2007, Rn. 12; Bamberger/Roth/*Spickhoff*, 2. Aufl., 2008, Art. 40 EGBGB, Rn. 43.

42 KG Berlin NJW 1997, 3321, 3321; LG Düsseldorf NJW-RR 1998, 979, 980; Bamberger/Roth/*Spickhoff*, 2. Aufl. 2008, Art. 40 EGBGB, Rn. 44; MüKo/*Junker*, 4. Aufl. 2006, Art. 40 EGBGB, Rn. 173 ff.; Staudinger/*v. Hoffmann*, 14. Aufl., 2001, Art. 40 EGBGB, Rn. 58; *Palandt/Heldrich*, 66. Aufl., 2007, Art. 40 EGBGB, Rn. 12; *Mankowski, Peter*, Das Internet im Internationalen Vertrags- und Deliktsrecht, RabelsZ 63 (1999), 203, 257 ff.

43 EuGH, Urt. v. 7.3.1995, Rs.C-68/93, Slg. 1995, S. I-415 = NJW 1995, 1881, 1882, Rn. 33 – *Fiona Shevill I*; s. dazu *Kreuzer, Karl/Klötgen, Paul*, Die Shevill-Entscheidung des EuGH: Abschaffung des Deliktsortsgerichtsstands des Art. 5 Nr. 3 EuGVÜ für ehrverletzende Streudelikte. Prax 1997, 90.

44 *Berger, Christian*, Die internationale Zuständigkeit bei Urheberrechtsverletzungen in Internet-Websites aufgrund des Gerichtsstands der unerlaubten Handlung nach Art. 5 Nr. 3 EuGVO, GRUR Int. 2005, 465, 468; *Gounalakis, Georgios/Rhode, Lars*, Persönlichkeitsschutz im Internet, 2002, Rn. 17; *Mankowski, Peter*, Das Internet im Internationalen Vertrags- und Deliktsrecht, RabelsZ 63 (1999), 203, 274 ff.; *Spindler, Gerald*, Deliktsrechtliche Haftung im Internet – nationale und internationale Rechtsprobleme, ZUM 1996, 533, 539 f.; kritisch zur Shevill-Doktrin etwa *Schack, Haimo*, Internationale Urheber-, Marken- und Wettbewerbsrechtsverletzungen im Internet – Internationales Zivilprozessrecht, MMR 2000, 135, 139.

45 Zum Kriterium der Sprache als Anknüpfungskriterium s. *Gounalakis, Georgios/Rhode, Lars*, Persönlichkeitsschutz im Internet, 2002, Rn. 16; *Spindler, Gerald*, Deliktsrechtliche Haftung im Internet – nationale und internationale Rechtsprobleme, ZUM 1996, 533, 537 f. mit FN 220; *v. Bar, Christian*, Internationales Privatrecht, Bd. II – Besonderer Teil, 1991, Rn. 662; für das Urheberrecht *Junker, Michael*, Anwendbares Recht und internationale Zuständigkeit bei Urheberrechtsverletzungen im Internet, 2001, S. 362; Bamberger/Roth/*Spickhoff*, 2. Aufl., 2008, Art. 40 EGBGB, Rn. 44; für das Wettbewerbsrecht insoweit *Redeker, Helmut*, Rechtsverkehr im Internet – Anwendbares Recht, ITRB 2001, 293, 294; *Mankowski, Peter*, Internet und Internationales Wettbewerbsrecht, GRURInt. 1999, 909, 917; *Kotthoff, Jost*, Die Anwendbarkeit des deutschen Wettbewerbsrechts auf Werbemaßnahmen im Internet, CR 1997, 676, 682..

46 Angesprochen sind damit die Maßnahmen des *Zoning* bzw. der *Geo-Location* bzw. des *Geo-Blocking*, dazu *Hoeren, Thomas*, Zoning und Geolocation – Technische Ansätze zu einer Reterritorialisierung des Internet, MMR 2007, 3 ff.

Andere Probleme wirft die Internationalität bzw. Ubiquität des Internets dagegen hinsichtlich der Durchsetzung der Ansprüche auf, womit bereits die rechtspolitischen Probleme und Handlungsfelder angesprochen sind:

6. Rechtspolitische Probleme und Optionen

Gerade die geschilderte Anonymität von Urhebern bzw. Autoren von Persönlichkeitsrechtsverletzungen sowie deren grenzüberschreitende Beweglichkeit kann es mitunter für Opfer von solchen Taten fast unmöglich machen, ihre Ansprüche zu realisieren. Dementsprechend stehen zwei Rechtsbehelfe im Zentrum der Diskussion: Zum einen der Auskunftsanspruch gegen Provider über die Identität von Rechtsverletzern, zum anderen die Störerhaftung gegen die Informationsintermediäre, um die weitere Verbreitung der Rechtsverletzung und zukünftige ähnliche Rechtsverletzungen zu verhindern.

Die Auskunftsansprüche gegen Provider bzw. Informationsintermediäre sollen es den Verletzten ermöglichen, die Identität der eigentlichen Urheber der Rechtsverletzung zu erfahren, um entsprechende Klagen einzureichen. Nötig ist dieses, da das deutsche Recht keine Klage gegen unbekannt kennt, anders als das US-amerikanische Recht mit den sog. John Doe-Verfahren.[47] In Umsetzung der Enforcement-Richtlinie[48] hat der deutsche Gesetzgeber auch in die jeweiligen Immaterialgütergesetze und in das UrhG entsprechende Auskunftsansprüche auch gegen Nichtstörer eingeführt – indes richten sich alle Ansprüche lediglich auf Verletzungen des geistigen Eigentums, gewähren aber nicht den Betroffenen von allgemeinen Persönlichkeitsrechtsverletzungen entsprechende Ansprüche. Dadurch entsteht die eigenartige Situation, dass selbst bei Werken »kleiner Münze«, also mit minimaler geistiger Schöpfungshöhe, ein Auskunftsanspruch entsteht, nicht dagegen aber selbst bei schwersten Persönlichkeitsrechtsverletzungen; das Opfer bleibt hier rechtlos, ein aus verfassungsrechtlicher Sicht im Hinblick auf den hohen Stellenwert des Persönlichkeitsrechts, das in Art. 1 Abs. 1, 3 i.V.m. Art. 2 Abs. 1 GG verankert ist,[49] unhaltbarer Zustand.[50] Der Gesetzgeber ist aufgerufen, dieser ungerechtfertigten Ungleichbehandlung ein Ende zu bereiten – wobei der Auskunftsanspruch *en detail* nach

---

47 Dazu *Spindler, Gerald*, Der Auskunftsanspruch gegen Verletzer und Dritte im Urheberrecht nach neuem Recht, ZUM 2008, 640 m.w. Nachw.

48 Richtlinie 2004/48/EG, Abl. L 157 vom 30.4.2004, S. 45–86; dazu *Spindler, Gerald*, Der Auskunftsanspruch gegen Verletzer und Dritte im Urheberrecht nach neuem Recht, ZUM 2008, 640 ff.

49 BVerfGE 27, 1, 6 – *Mikrozensus*; 35, 202, 220 – *Lebach*; 54, 148, 153 – *Eppler*; Sachs/*Murswiek*, GG-Kommentar, 3. Aufl., 2003, Art. 2 Rn. 60; Hömig/*Antoni*, Grundgesetz für die Bundesrepublik Deutschland, 8. Aufl. 2007, Art. 2 Rn. 6; Münch/Kunig//*Kunig*, Grundgesetz-Kommentar, 5. Aufl., 2000, Art. 2 Rn. 30; Dreier/*Dreier*, Grundgesetz Kommentar, 2. Aufl., 2004, Art. 2 I Rn. 68; Maunz/Dürig/*Di Fabio*, GG-Kommentar, Stand 39. EL, Juli 2001, Art. 2 I, Rn. 128; Bonner Kommentar zum GG/*Degenhart*, Stand 122. EL, Juli 2006, Rn. 361, 375–377.

50 Krit. schon *Spindler, Gerald*, Das neue Telemediengesetz – Konvergenz in sachten Schritten, CR 2007, 239, 243; *ders*., Der Auskunftsanspruch gegen Verletzer und Dritte im Urheberrecht nach neuem Recht, ZUM 2008, 640, 648.

wie vor erhebliche Probleme, insbesondere im Hinblick auf das Verhältnis zum Datenschutzrecht und zur Vorratsdatenspeicherung aufwirft.[51]

Die andere Frage der Störerhaftung der Informationsintermediäre ist eng verknüpft mit der generellen Überarbeitung der Haftungsregelungen der E-Commerce-Richtlinie, wobei sich hier drei Problemkreise als besonders virulent herauskristallisiert haben: zunächst die Frage, ob wie im französischen Presserecht der Informationsintermediär nur subsidiär haften sollte, nämlich erst dann, wenn der Betroffene erfolglos versucht hat, den eigentlichen Urheber der Persönlichkeitsrechtsverletzung in Anspruch zu nehmen; zweitens, die Definition der Standards für Filter- und Prüfungspflichten, insbesondere des Verweises auf technische Standards oder andere Regeln, und schließlich drittens der Einführung eines Notice-and-Take-Down-Verfahrens nach dem Vorbild des US-amerikanischen Digital Millennium Copyright Act (DMCA).[52]

Wie oben dargelegt, hat die deutsche Rechtsprechung eine solche Subsidiarität des Informationsintermediärs abgelehnt. Indes spricht doch etliches dafür, dass zunächst ein Verfahren gegen den eigentlichen Urheber versucht wird, bevor der Provider in Anspruch genommen werden kann; denn die Frage, ob ein Inhalt persönlichkeitsrechtsverletzend ist, setzt eine komplexe rechtliche Beurteilung voraus, insbesondere auch verfassungsrechtlicher Wertungen (Art. 5 Abs. 1 GG), die ein Provider kaum vornehmen kann. In engem Zusammenhang steht damit auch die Entscheidung des US-amerikanischen Gesetzgebers für das Notice-and-Take-Down-Verfahren, das den Provider von der Notwendigkeit einer komplexen rechtlichen Abwägung entheben soll – jedoch beschränkt auf das Urheberrecht. Allerdings kann das Notice-and-Take-Down-Verfahren nicht mit dem Prinzip der Subsidiarität gleichgesetzt werden, da beim Notice-and-Take-Down-Verfahren der Provider vollständig von der Haftung entlastet wird, während im Fall der Subsidiarität der Provider immer noch in Anspruch genommen werden kann. Darüber hinaus bietet das Notice-and-Take-Down-Verfahren für den Betroffenen keine Sicherheit für die Zukunft; denn stets muss er prüfen, ob eine Rechtsverletzung vorliegt, ob die gleichen Inhalte wieder auf Plattformen erscheinen, gegebenenfalls in geringfügig modifizierter Version.

Dies leitet über zu der grundsätzlichen Frage, wer die Gefahren durch die Verbreitung im Internet einfacher und besser beherrschen kann, Rechteinhaber oder Provider. Während im Notice-and-Take-Down-Modell wie gezeigt der Betroffene stets aufs Neue prüfen muss, ob eine neuerliche Rechtsverletzung eingetreten ist, trifft im »deutschen Modell« der Störerhaftung den Provider die Pflicht, neue Inhalte auf deren Rechtsverletzung hin zu überprüfen. Entscheidend ist hier, ob und inwieweit es tatsächlich Möglichkeiten der automatischen Prüfung von Inhalten gibt, die es den Providern ermöglichen würde, von vornherein rechtsverletzende Inhalte auszusortieren. Während für Urheberrechts-

---

51 *Spindler, Gerald*, Der Auskunftsanspruch gegen Verletzer und Dritte im Urheberrecht nach neuem Recht, ZUM 2008, 640, 645 ff.; zum neuen Recht auch *Kitz, Volker*, Rechtsdurchsetzung im geistigen Eigentum – die neuen Regeln, NJW 2008, 2374, 2375 ff.

52 Dazu *Ott, Stephan*, Haftung für verlinkte urheberrechtswidrige Inhalte in Deutschland, Österreich und den USA, GRUR Int 2007, 14, 26 ff.

verletzungen eine automatisierte Prüfung grundsätzlich noch denkbar ist, rückt diese für Persönlichkeitsrechtsverletzungen angesichts der komplexen rechtlichen Prüfung in weite Ferne. Daher muss der Konsequenz einer Störerhaftung für Persönlichkeitsrechtsverletzungen ins Auge geblickt werden, da angesichts der schwierigen Kontrolle eine breitflächige Diskussionsplattform wie bei Nachrichten-Foren de facto nicht mehr möglich ist; die Idee einer *grass-root*-Demokratie und Diskussion wäre damit der Boden entzogen. Eine salomonische Entscheidung fällt hier nicht leicht, dürfte aber in der Eröffnung von summarischen, schnellen Verfahren liegen, die den Providern die komplexe rechtliche Beurteilung abnimmt, Betroffenen aber die Möglichkeit der Verfolgung ihrer Interessen bietet, ohne dass Provider stets ähnliche Inhalte etc. prüfen müssten.

In diesem Zusammenhang kommt die Änderung des Kommunikationsverhaltens zum Tragen, allerdings nur für Beteiligte am Kommunikationsprozess. Außenstehende Dritte jedoch wird man kaum auf die Besonderheiten des Netzes verweisen können, da sie auch nicht den andersartigen Bedingungen des Internets als Kommunikationsplattform unterliegen – ohne dass sie deswegen geringeren rechtlichen Schutz genießen würden. Gleichzeitig beantwortet sich damit auch die Frage, ob nicht die Selbstheilungskräfte des Marktes bereits für entsprechende Lösungen sorgen; denn diese können kaum für Drittbetroffene wirken, die nicht am Kommunikationsprozess und damit nicht z.B. an Bewertungs- oder Ratingverfahren beteiligt sind.

Der Stein der Weisen in der Abwägung der Interessen zwischen Meinungsurhebern, Betroffenen und Informationsintermediären ist schwer zu finden – was letztlich schon in früheren Diskussionen um die Verantwortlichkeit von Medien im Kern angelegt war und durch das Internet nur zu einer neuen Dimension gefunden hat. Es bleibt mit Spannung abzuwarten, wie sich europäische und deutsche Gesetzgeber entscheiden werden.

Anhang

Autoren dieses Bandes

Felix Herzog
geb. 1959; Habilitation 1990 in Frankfurt a.M. Nach Lehrstuhlvertretungen in Hannover, Heidelberg und Frankfurt a.M. erfolgte im Sommersemester 1992 die Berufung an die Juristische Fakultät der Humboldt-Universität zu Berlin. Dort war er ab 1993 Vertrauensdozent der Studienstiftung des Deutschen Volkes, ab 1995 Mitglied der Ethik-Kommission des Universitätsklinikums Charité und im akademischen Jahr 1996/97 Dekan. Seit 2005 hat er eine Professur für Strafrecht, Strafverfahrensrecht und Rechtsphilosophie an der Universität Bremen inne, wo er auch seit 2006 Mitglied des Zentrums philosophische Grundlagen der Wissenschaft ist. Er war mehrfach Sachverständiger des Rechtsausschusses und des Finanzausschusses des Deutschen Bundestages sowie Berater des Bundesverbandes deutscher Banken in Fragen der Geldwäschebekämpfung.

Jutta Limbach
geb. 1934 in Berlin; nach dem Jurastudium und dem Referendariat war sie von 1963 bis 1966 akademische Rätin am Fachbereich Rechtswissenschaft der Freien Universität Berlin. Nach der Promotion 1966 und der Habilitation 1971 hatte sie ab 1972 eine Professur für Zivilrecht an der Freien Universität Berlin inne. 1982 war sie Gastprofessorin an der Universität Bremen. Von 1989 bis 1994 war sie Justizsenatorin in Berlin. 1994 wurde sie Richterin des Bundesverfassungsgerichts und im selben Jahr als Nachfolgerin von Roman Herzog zur Präsidentin des Gerichts ernannt. Nach ihrer Pensionierung war sie von 2002 bis 2008 Präsidentin des Goethe-Instituts.

Thomas Dieterich
geb. 1934 in Hirschberg/Schlesien; nach dem Jurastudium, dem 2. Juristischen Staatsexamen und der Promotion war er Richter und später Direktor in der Arbeitsgerichtsbarkeit in Baden-Württemberg. Danach wurde er Vorsitzender Richter am Landesarbeitsgericht des Landes Baden-Württemberg. 1982 folgte seine Ernennung zum Richter am Bundesarbeitsgericht, 1980 wurde er dort zum Vorsitzenden Richter ernannt und 1987 zum Richter am Bundesverfassungsgericht gewählt. 1994 wurde er Präsident des Bundesarbeitsgerichts, dessen 1. Senat er bis zu seinem Eintritt in den Ruhestand im Jahre 1999 leitete.

Klaus-Heiner Lehne
geb. 1957 in Düsseldorf; Studium der Rechtswissenschaft, Physik und Philosophie in Düsseldorf und Köln. Seit 1986 Rechtsanwalt in Düsseldorf. Von 1984 bis 1992 Ratsmitglied in Düsseldorf, von 1992 bis 1994 Mitglied des Deutschen Bundestages, seit 1994 Mitglied des Europäischen Parlaments. Dort ist er u. a. ordentliches Mitglied des Rechtsausschusses, rechtspolitischer Sprecher der EVP-Fraktion und u.a. Berichterstatter für die Vertragsrechtsharmonisierung. Daneben ist er Vorsitzender des CDU-Kreisverbandes Düsseldorf und stellvertretender Vorsitzender des CDU-Bezirksverbandes Bergisches Land.

Gerald Spindler
geb. 1960; Studium der Rechtswissenschaft und Wirtschaftswissenschaften in Frankfurt a.M, Genf und Lausanne, Promotion zum Thema »Recht im Konzern« und Habilitation mit einer Arbeit über »Unternehmensorganisationspflichten«. Seit 1997 hat er an der Universität Göttingen eine Professur für Bürgerliches Recht, Handels- und Wirtschaftsrecht, Rechtsvergleichung sowie Multimedia- und Telekommunikationsrecht inne. Die Schwerpunkte seiner Tätigkeit bilden einerseits Rechtsfragen des E-Commerce bzw. des Internet- sowie Telekommunikationsrechts und andererseits Probleme des Gesellschafts- und Kapitalmarktrechts. Er war stellvertretender Vorstandsvorsitzender der Deutschen Gesellschaft für Recht und Informatik, ist in zahlreichen Beiräten und hat sowohl den deutschen als auch den europäischen Gesetzgeber in verschiedenen Fragen der Informationsgesellschaft und des Aktien- und Kapitalmarktrechts beraten.

Vorträge der Juristischen Gesellschaft Bremen e.V. von Oktober 2007 bis Juni 2008

Montag, 1. Oktober 2007
Prof. Dr. Felix Herzog, Bremen:
»Ende der Moral – Stunde der Staatsanwaltschaft?«

Sonntag, 21. Oktober 2007
Prof. Dr. Jutta Limbach, Präsidentin des Bundesverfassungsgerichts a.D.:
»Soziale Gerechtigkeit und das Recht auf Bildung in der Bremer Verfassung«
Festveranstaltung »60 Jahre Bremische Landesverfassung«
 - Gemeinschaftsveranstaltung mit der Bremischen Bürgerschaft -

Montag, 19. November 2007
Prof. Dr. Thomas Dieterich, Präsident des Bundesarbeitsgerichts a.D.:
»Tarifautonomie: Altes Modell – neue Realität«

Montag, 28. Januar 2008
Rechtsanwalt Klaus-Heiner Lehne, MdEP, Düsseldorf/Brüssel:
»Wege zu einem europäischen Vertragsrecht«
 - Gemeinschaftsveranstaltung mit der Bremischen Bürgerschaft -

Montag, 28. April 2008
Prof. Dr. Gerald Spindler, Göttingen:
»Erosion des Persönlichkeitsrechts durch das Internet«

Montag, 2. Juni 2008
Prof. Dr. Luzius Wildhaber, Präsident des Europäischen Gerichtshofs für Menschenrechte a.D., Oberwil/Schweiz:
»Richterrecht im Bereich der Europäischen Menschenrechtskonvention«

Vorstandsmitglieder der Juristischen Gesellschaft Bremen e.V.

Erster Vorsitzender:
Vorsitzender Richter am Oberlandesgericht Karl-Peter Neumann,
Hanseatisches Oberlandesgericht in Bremen

Zweiter Vorsitzender:
Prof. Dr. Gert Brüggemeier, Universität Bremen,
Zentrum für Europäische Rechtspolitik

Rechnungs- und Schriftführer:
Rechtsanwalt und Notar Dr. Gerhard Liening,
RAe. Dr. Schackow & Partner, Bremen

Richterin am Landgericht Cornelia Holsten,
Landgericht Bremen

Rechtsanwältin Edith Kindermann, Bremen

Senatsrat a.D. Peter Reischauer,
Senatskanzlei der Freien Hansestadt Bremen

Frau Prof. Dr. Edda Weßlau,
Universität Bremen

Beiratsmitglieder der Juristischen Gesellschaft Bremen e.V.

Vorsitzender:
Prof. Dr. Dieter Hart,
Universität Bremen, Institut für Gesundheits- und Medizinrecht

Rechtsanwalt und Notar Axel Adamietz,
Präsident der Bremer Notarkammer

Präsident des Oberlandesgerichts Wolfgang Arenhövel
Hanseatisches Oberlandesgericht in Bremen

Richter am Landgericht Dr. Michael Brünjes
Landgericht Bremen

Staatsrat a.D. Richter am Oberverwaltungsgericht Michael Göbel,
Oberverwaltungsgericht Bremen

Generalstaatsanwältin Prof. Dr. Kirsten Graalmann-Scheerer,
Generalstaatsanwaltschaft Bremen

Rechtsanwalt und Notar Erich Joester,
Präsident der Hanseatischen Rechtsanwaltskammer Bremen

Vizepräsidentin des Landesarbeitsgerichts Sabine Kallmann,
Landesarbeitsgericht Bremen

Senator a.D. Rechtsanwalt Volker Kröning, Mitglied des Deutschen Bundestages,
Bremen/Berlin

Präsidentin des Landessozialgerichts Monika Paulat,
Landessozialgericht Niedersachsen-Bremen

Staatsrat Prof. Matthias Stauch,
Senator für Justiz und Verfassung der Freien Hansestadt Bremen

Senatsdirektor Dr. Hans Wrobel,
Senator für Justiz und Verfassung der Freien Hansestadt Bremen

Und wie zufrieden sind Sie mit Ihrem Vermögensberater?

Die Sparkasse Bremen

Es gibt viele Anlässe, um über Ihr Vermögen zu sprechen. Profitieren Sie von einem erfahrenen Berater und einem kompetenten Team aus Analysten und Spezialisten dahinter. Die richtigen Antworten auf Ihre persönlichen Finanzfragen lassen sich am besten in vertrauensvollen Gesprächen finden. Und diesen hohen Anspruch haben wir. Schließlich ist es Ihr Geld. 0421 179-2277. **www.sparkasse-bremen.de**